Après un stage de fin d'études de journalisme à *Sud-Ouest*, Maryse Wolinski intègre les pages « société » du *Journal du dimanche* où elle rencontre le dessinateur de presse Georges Wolinski. Ils se marient. Maryse Wolinski participe en free-lance à plusieurs journaux avant de privilégier l'écriture de fiction. Elle a publié des livres de contes, des romans, dont *Au diable vauvert*, le premier, *Le Maître d'amour*, *La Tragédie du bonheur*, *Chambre à part*, *La mère qui voulait être femme* et *La Sibylline*. Elle est aussi l'auteur de cinq essais, dont *Nous serons toujours jeunes et beaux* et *L'Ivresse de vivre*.

Maryse Wolinski

“CHÉRIE, JE VAIS À CHARLIE”

Éditions du Seuil

Citation en exergue extraite de
Paul Éluard, *Derniers Poèmes d'amour*

TEXTE INTÉGRAL

ISBN 978-2-7578-6471-5
(ISBN 978-2-02-129750-8, 1re publication)

Dans mon chagrin rien n'est en mouvement
J'attends personne ne viendra
Ni de jour ni de nuit
Ni jamais plus de ce qui fut moi-même.

Paul Éluard, « Ma morte vivante »,
in *Le temps déborde.*

1

Mercredi 7 janvier. Quand j'ouvre les yeux, le jour commence à chasser l'obscurité. Mon esprit, lui, demeure un moment entre conscience et rêve. J'écoute les bruits sourds de l'appartement. Le vent souffle dans la cheminée. Un rai de lumière traverse le plafond, une voiture passe devant l'immeuble. Dans le couloir, je perçois un glissement de pas familiers : Georges est déjà levé. Vais-je bondir du lit pour l'étreindre, ou attendre qu'il pousse la porte de ma chambre et vienne vers moi ?

Quarante-sept ans que cet homme, fou de femmes, de leur silhouette, de leurs audaces, de leur voix, de leurs modes, de leur courage, de leur foi en ce qu'elles décident, de leur force d'âme, pose son regard amoureux sur moi. Un regard qui transperce et bouleverse. Un regard qui donne de l'élan, de la confiance, de l'envie de vivre, de l'envie d'aimer. Un regard dont on devient addict. Un regard qui lui a aussi parfois été reproché. « Pourquoi tu me regardes ? » Unique réponse : « Devine ! » Scène quasi quotidienne. Par exemple à l'heure du dîner : je m'agite dans la cuisine, je vais, je viens autour de lui, assis, tranquille devant un verre de bordeaux, j'apporte les plats, je reviens vers les plaques chauffantes pour préparer la suite, ses yeux ne me quittent pas. Agacée, je lance : « Je ne peux pas faire un pas sans sentir ton regard sur moi, pourquoi ? » « Devine ! » Ou bien, cette autre scène, dans son bureau : lui derrière sa planche à dessins, moi de l'autre côté. Je lui parle, il me regarde, je sais qu'il ne m'écoute pas. Des images scabreuses flottent dans sa tête, alors que, très sérieuse, je lui demande son avis sur une question d'actualité. « Tu me regardes et tu ne m'écoutes pas. » Il rit en m'attirant vers lui. Furieuse, je m'échappe, lui tourne le dos et sors de la pièce. Dans le miroir au-dessus de la cheminée, je suis son regard qui ne quitte pas mes hanches. Désormais, le regard est absent. Et j'entends sa voix : « Devine ! »

Ce matin-là, est-il déjà installé derrière sa table à dessin, achevant sa page pour *Charlie Hebdo*, qu'il portera ensuite à la conférence de rédaction ? Le mercredi, les « Charlie » se réunissent pour construire le prochain journal. Enfin… Rien n'est jamais sûr avec Georges. Il n'assiste pas de façon régulière à la conférence du mercredi. S'il n'a pas fini son dessin à temps, il le termine tranquillement, penché sur sa table, hirsute, en peignoir, les yeux rivés sur la feuille. Il n'est pas le seul. À l'en croire, Cabu, de temps en temps, fait faux bond à la petite équipe de Charlie. Bernard aussi. Bernard Maris, dit Oncle Bernard, aux talents multiples. Les autres, je ne les connais pas vraiment. Je ne lis que les articles de Laurent Léger et les savoureuses chroniques de Philippe Lançon. J'avais aussi une très grande affection pour Cavanna, pas seulement parce qu'il avait découvert le talent de Georges, mais pour les valeurs qu'il défendait farouchement. Un an auparavant, Cavanna a été emporté par la maladie de Parkinson, l'ultime compagne, celle qu'il avait si bien su mettre en scène.

C'est la première conférence de rédaction de l'année. Georges m'a informée que Charb, le rédacteur en chef, a demandé que l'ensemble des collaborateurs soient présents. Ils doivent partager une galette des rois, l'occasion sans doute de parler de l'état catastrophique des finances du journal et de son avenir plus qu'incertain. Je me souviens avoir un jour questionné Georges : « Si *Charlie Hebdo* s'arrêtait, qu'est-ce que ça te ferait ? » Il a hoché la tête. J'ai pensé que ma question n'était pas très heureuse étant donné la tristesse qui l'avait saisi après son départ du *Journal du dimanche*, au mois de juin précédent. Un rejet demeurant sans explications. Comme j'insistais tout de même, il a fini par me répondre. « Depuis cinquante ans, on s'en est toujours sortis, et des mauvaises passes on en a connu de nombreuses, au journal. Il se trouvera bien un sponsor, une subvention, pour nous sortir la tête de l'eau. » Il ne m'a pas vraiment convaincue. Je voyais bien à son air inquiet, son ton las, que quelque chose ne tournait pas rond. Les salaires n'étaient pas toujours versés à la fin du mois, ou alors, si le chèque arrivait, il fallait attendre un peu avant de le déposer en banque. Où étaient passées les glorieuses années quatre-vingt, quand Choron augmentait les salaires à sa guise ? Je voyais bien que Georges s'inquiétait de la situation du journal. Mais il encaissait. Et l'ambiance fraternelle et rigolarde du *Charlie Hebdo* du temps de Reiser, Gébé, Cavanna, Choron, lui manquait.

À 16 heures, il avait prévu de me rejoindre pour visiter un appartement, puisqu'il fallait bien accepter de quitter celui dans lequel nous nous plaisions tant. Nous y étions heureux à notre manière. Nous nous y étions installés six ans plus tôt, dans l'idée d'y demeurer aussi longtemps que possible. Ni l'un ni l'autre n'aimons que l'on nous déloge de notre nid. Nous sommes des handicapés du déménagement. En quarante-sept ans, nous n'aurons connu que trois appartements. Désormais, nous ne voulons plus bouger. Mais quelques mois auparavant, notre propriétaire en a décidé autrement. Il reprenait l'appartement pour son fils. Dans le précédent, où nous étions restés trente-cinq ans, un beau jour aussi, la propriétaire nous avait annoncé : « Je le reprends pour mon fils. » Une vraie déchirure. Nous y avions laissé notre jeunesse.

Aujourd'hui, donc, le même cas de figure se profile. Vers quels horizons nous envoler ? Nous nous en occupons très mollement : nous n'avons aucune envie de quitter les platanes du boulevard. Moi, en particulier. Ouvrir ma fenêtre sur les arbres, c'est comme si j'étais à la campagne. Georges, c'est surtout l'agencement des lieux qui l'attache. Mais enfin, il pourrait vivre n'importe où, pourvu qu'il ait sa planche à dessin. Celle qu'il est allé acheter aux États-Unis, car il n'y a « qu'aux États-Unis que l'on sait dessiner des tables à dessin », du moins celles qui lui conviennent. Je me souviens du jour où il est rentré de Washington, sa table pliée sous le bras, une valise suspendue à l'autre. Il était fou de joie.

Après être passée par la salle de bains, je me propulse vers la cuisine pour préparer mon petit déjeuner. Je n'ai eu que quelques heures de sommeil, comme d'habitude. Cela ne m'empêche jamais de partir du bon pied pour cette journée qui s'annonce. Peut-être allons-nous visiter l'appartement de nos rêves, sur les quais ? Pour l'heure, je n'ai vu que des photos. En fait, nous avons déjà fixé notre choix : un appartement donnant sur un boulevard, que nous avons vu lundi en fin de journée. La conseillère de l'agence ne trouvait pas le compteur d'électricité, nous l'avons cherché à tâtons dans la pénombre. Pourtant, tout nous a plu : la disposition des pièces, qui correspond à notre façon de vivre et de travailler, les grandes fenêtres… Deux appartements en un, un balcon pour mes fleurs, des platanes en contrebas, et sans doute un bain de lumière dans la journée. Nous pensons vraiment signer très vite le contrat de location. Nous avons trop bien vécu, et puisque nous avons vendu nos résidences secondaires et dépensé sans compter, nous serons et resterons des locataires à vie. Qu'importe ! Nous nous aimons.

Les pas dans le couloir se rapprochent. Cette fois, c'est bien lui : Georges, mon Georges. Il arrive, enveloppé dans son peignoir en éponge noire, dans le dos duquel est inscrit : « Mon Zénith à moi ». Du nom de cette émission de Canal Plus à laquelle il a participé en compagnie de Michel Denisot. Il traîne un peu les pieds et marche courbé comme s'il portait le poids d'une lourde culpabilité. Souvent, je le prends en flagrant délit de marcher ainsi, comme un vieillard, et je me demande ce qui le préoccupe à ce point. Souffre-t-il de ne pas être tout à fait comme tout le monde, d'être un artiste, un vrai, si souvent en marge de la réalité ? Porte-t-il des secrets ? Cette question me taraude. Plus que jamais, ce matin, ses yeux sont au fond de lui-même, et ses pensées enfouies en lui. « Ça va, chéri ? » Il grommelle un « oui », qui signifie « oui et non » à la fois. Lui, la main sur la cafetière : « Et toi ? Tu as dormi ? » « Oui… Enfin, non, comme d'habitude. » « Tu t'es couchée tard ? » « Oui, trop tard, la réunion n'en finissait plus. Pourquoi je n'ai pas eu droit à un post-it d'amour hier soir quand je suis rentrée ? »

Ces post-it disent notre histoire. Ils tapissent le mur extérieur de la cuisine. Ils disent son amour, sa tendresse, sa joie quand tout va bien, sa tristesse quand les ennuis s'accumulent. Ces derniers temps, l'éloignement de ses filles le perturbait. Mes amies m'envient ces petites marques si souvent renouvelées. Il est vrai que, hier soir, j'ai été déçue de ne pas en trouver un sur le guéridon de l'entrée. Le post-it du mardi soir. Trop fatigué pour y penser ? Ces dernières semaines, je le trouve morose, perdu dans des pensées qui éteignent son regard. « C'est à cause de l'appartement ? » « Non, non, c'est bien, finalement, de changer de lieu. On va essayer de faire des économies et c'est une nouvelle vie qui commence… Je pense beaucoup à ton avenir. Quand je ne serai plus là… » Je renouvelle mon refrain favori.

« Au lieu de ruminer, tu ferais mieux d'agir. C'est ce qui se passe à *Charlie Hebdo* qui te tracasse ? »

Il pose la cafetière, tend son bras vers moi et, pour toute réponse, me caresse la joue. Tandis que je compose le plateau de mon petit déjeuner, il s'assoit devant son affreux café au lait dans lequel il trempe ses tartines surchargées de beurre et de confiture. Puis nous ouvrons nos agendas et nous comparons nos journées. Je lui rappelle nos rendez-vous communs. En l'occurrence, ce 7 janvier, la visite de l'appartement sur les quais. « Tu te vois habiter là ? » lance-t-il. « Non, je préfère le boulevard. » « Alors, pourquoi, on y va ? » « Georges, j'ai pris rendez-vous, et puis, il faut en voir plusieurs avant de se décider. » Il se lève, revient, *Le Monde* à la main. Il lit un article à haute voix, puis le commente. Ces conférences du matin, c'est souvent pour moi le meilleur moment de la journée. Mais aujourd'hui, il est pressé. Le commentaire sera court. Avant de quitter la pièce, il m'adresse un geste tendre et part se préparer.

« Chérie, je vais à *Charlie* ! » dit-il quelques minutes plus tard en élevant la voix, du fond de l'appartement. Puis il revient sur ses pas, écarte le rideau qui sépare ma chambre de la salle de bains, passe la tête. « Chérie, je vais à *Charlie.* » Il doit être 9 heures, je suis en retard, enroulée dans ma serviette de bain, je lui accorde peu d'attention. Je me fais la réflexion qu'il part plus tôt que d'habitude quand il se rend à la conférence de *Charlie*. J'écoute ses pas dans le couloir, puis la porte claque. À ce moment-là, j'éprouve toujours un brin de tristesse. Mais aujourd'hui, je sais que nous allons nous retrouver à 16 heures.

2

À 10 heures, je me rends à mon cours de gymnastique du mercredi. Je n'ai pas informé Georges de mon inquiétude au sujet de la fermeture éventuelle de *Charlie Hebdo*. Je sais que, pour lui, cette décision marquerait la fin d'une grande et longue aventure qui a commencé à son retour de la guerre d'Algérie. Même s'il n'est pas toujours d'accord avec certaines idées, certaines polémiques développées dans le journal, certaines caricatures, même, il demeure et demeurera solidaire. Il a quitté *L'Humanité*, *Le Nouvel Observateur*, il ne quittera jamais *Charlie Hebdo* tant que le journal existera. Il y a eu la mort de Reiser, puis celle de Gébé, celle de Cavanna, enfin, en 2014. À chaque épreuve, il a perdu un frère. Maintenant, c'est la mort du journal lui-même qui menace de lui porter un coup. Pourquoi *Charlie* ne trouve-t-il pas ses lecteurs ? Est-ce un effet de l'évolution de notre société qui laisse Georges tellement perplexe ? Cinquante ans de combat en faveur de la liberté d'expression pour être confronté à l'obscurantisme, à la barbarie, à la charia. Être à nouveau contraint de se poser la question : peut-on rire de tout ? Georges a choisi son camp : le rire de résistance.

Je remue tout cela dans ma tête tout en tentant d'assouplir mon corps. Onze heures sonnent la fin du cours. Je file à un rendez-vous pendant lequel j'éteins mon téléphone mobile.

Vers 11 h 15, rue Nicolas-Appert, Thomas, comédien et metteur en scène, range dans un camion garé dans le passage de la Comédie Bastille, en face de l'immeuble du 10, le décor de la dernière pièce qu'il a mise en scène et jouée durant plusieurs mois : *Visite à Mister Green*. Il est pressé de charger le camion, un autre théâtre l'attend en Avignon où il a rendez-vous. Le temps est à la neige et le voyage s'annonce difficile. Nathalie, l'habilleuse du théâtre, ainsi que Julien, le régisseur, lui prêtent main forte. La veille, ils ont vécu sans grande joie la dernière de la pièce, qui n'a pas vraiment trouvé son public. Thomas reste à l'intérieur du camion tandis que Nathalie et Julien font des allées et venues pour charger les éléments du décor. Une C3 noire débouche alors du boulevard Richard-Lenoir et s'engouffre à vive allure dans la rue, ses pneus crissent sur la chaussée. Alerté, Thomas sort la tête du camion, le conducteur de la voiture le fixe. Thomas n'oubliera plus ce regard de fauve.

Comme lui, Joseph, un ouvrier d'un chantier voisin, observe la voiture qui se gare à l'angle de l'allée Verte et de la rue Nicolas-Appert. Suivent des claquements de portières et des éclats de voix. Surpris, Joseph, comme Nathalie et Julien, s'avance pour comprendre ce qui se passe. Ils aperçoivent, plus ou moins distinctement, trois hommes en noir, cagoulés, masqués, qui sortent de la C3. Le premier, le conducteur, parle avec les deux autres, armés de fusils d'assaut, cartouchière en bandoulière sur des gilets pare-balles. Les voix sont fortes, criardes, mais personne ne comprend ce qu'ils disent. Thomas pense qu'il faut appeler la police, mais quelque chose lui dit que, s'ils bougent, ils risquent leur vie. « C'est le GIGN qui débarque ? » demande Nathalie. Thomas et Julien pensent eux aussi à une intervention du GIGN, même s'ils savent bien que les équipes ne se déplacent jamais en si petit nombre.

Les deux hommes armés se dirigent vers le numéro 6 de l'allée Verte. Le troisième, le conducteur, visiblement non armé, mais masqué et cagoulé, et portant un gilet pare-balles, disparaît sans que Thomas, Nathalie et Julien le remarquent. « Il se passe quelque chose à *Charlie Hebdo* », dit Thomas. Tous trois se dissimulent derrière le camion. Nathalie, grande lectrice du *Charlie* de sa jeunesse, est étonnée. « Parce qu'ils sont installés là ? » questionne-t-elle. « Jusqu'en novembre, continue Thomas, il y avait une fourgonnette de police qui surveillait l'immeuble. » Ses derniers mots sont couverts par le bruit d'un coup de feu tiré à l'intérieur du 6.

Les trois amis se barricadent dans le hall du théâtre où les rejoint l'administratrice, Marie-France. « Deux hommes armés sont entrés dans l'immeuble en face », explique Nathalie. « J'espère qu'ils ne vont pas à *Charlie Hebdo* », dit Marie-France. « Ils étaient comment ces hommes armés ? » « Comme le GIGN. On a pensé au GIGN. » « Vous rêvez ? Si c'était le GIGN, les rues du quartier seraient bouclées et des dizaines de voitures de police seraient déjà là. On entendrait les sirènes. *Charlie Hebdo* est en danger. Ils ont reçu des menaces. Je crois même que l'un d'entre eux a fait l'objet d'une fatwa. Enfin, c'est ce qu'ont raconté les journaux. » « On peut imaginer, ajoute Thomas, que, dans ces conditions, les locaux sont protégés, bunkerisés. » « Et la fourgonnette qui était là depuis leur installation ? » demande Marie-France. « Elle a disparu depuis le début du mois de décembre », répond Thomas. « C'est incroyable ! Et pourquoi ? » Thomas ne sait que répondre. Préoccupé par sa pièce, il n'a pas vraiment prêté attention à l'actualité ces derniers temps, mais il a remarqué l'absence de la fourgonnette et a trouvé étrange qu'elle disparaisse au moment même où les journaux et la radio ne cessaient d'alerter sur l'éventualité d'un nouvel attentat dans la capitale. « Tu en es sûr ? » questionne à nouveau Nathalie. « Ils ont d'abord enlevé les barrières de protection, se souvient Thomas, puis la fourgonnette n'est plus venue. » Et s'il s'agissait de terroristes ? Cette idée le taraude. Les tirs répétés des armes les font taire. Une accalmie suivie d'une rafale. « J'appelle la police ! » Marie-France retourne à son bureau pour composer le 17.

Laurent, le directeur de production de l'agence de presse « Premières Lignes », fume sur le trottoir quand il entend un premier tir, fracassant, qui résonne dans la rue silencieuse. Il aperçoit de dos deux hommes vêtus de noir et portant des armes qu'il sait être des armes de guerre. Tandis qu'ils entrent par l'allée Verte, lui reprend l'escalier du 10 rue Nicolas-Appert et monte à l'agence située au deuxième étage, face aux locaux de *Charlie*, afin de prévenir les collaborateurs de l'agence et surtout composer le 17. Au téléphone, il évoque les hommes en noir, masqués, cagoulés, armés. Lui, ignore que les locaux situés sur le même palier que l'agence sont ceux de *Charlie Hebdo*. Sur la porte est inscrit : Éditions Rotative. Malgré les menaces reçues par le journal et dont la presse s'est fait l'écho, aucune consigne n'a été donnée dans l'immeuble pour signaler la présence du journal satirique. Laurent alerte les autres journalistes de l'agence. Certains ont déjà croisé dans les couloirs Georges ou Cabu, ou bien ont pris l'ascenseur avec eux. Ils savent donc parfaitement que *Charlie Hebdo* est installé là. D'emblée, ils comprennent que les hommes armés cherchent les locaux du journal et se reprochent de ne jamais avoir demandé le numéro de téléphone de celui-ci. Comment faire pour les prévenir ? Traverser le palier, frapper ? Laurent se souvient qu'à la mi-septembre, un journaliste de l'agence fumait sur le trottoir quand une voiture s'est arrêtée à son niveau. Le conducteur l'a interpellé : « C'est ici qu'ils s'amusent à critiquer le prophète ? » a questionné l'homme au volant. « Tu peux leur dire qu'on les surveille », a-t-il ajouté. Le journaliste n'a rien répondu. En revanche, il a noté la plaque d'immatriculation de la voiture et a transmis l'information au chef de mission auprès de Charb. Franck a fait remonter l'information à ses supérieurs hiérarchiques du SDLP, le Service de la protection, qui dépend du ministère de l'Intérieur. La protection de *Charlie Hebdo* n'en a pas été renforcée pour autant. L'identité du conducteur a bien été recherchée, mais il a été décidé qu'il n'avait rien à voir avec le terrorisme. Pour l'heure, il serait interné dans un asile psychiatrique.

Inquiet des tirs qui redoublent, Laurent enjoint les

collaborateurs de l'agence à se réfugier sur la terrasse à laquelle ils ont accès par un escalier intérieur.

À 11 heures, Chantal, la cinquantaine, cadre commerciale dans une société suisse, a passé la porte du 10, rue Nicolas-Appert. Elle est juste à l'heure pour le rendez-vous qui lui a été fixé à la SAGAM, une entreprise spécialisée dans les produits de puériculture. Elle est accueillie dans les locaux de la société, au rez-de-chaussée de l'immeuble. Après les présentations d'usage, on lui indique la salle où doit se tenir la réunion au cours de laquelle elle est censée intervenir. Pour rejoindre la salle en question, il lui faut passer par le numéro 6 de l'allée Verte, nom de la voie qui croise la rue Nicolas-Appert. Là, au premier étage, sont entreposés poussettes, tables à langer, toutes sortes d'objets et de produits destinés à la petite enfance. Un de ses collègues est déjà sur place.

Soudain, des hurlements se font entendre au bas de l'immeuble, suivis de l'éclat d'un tir d'arme à feu. Virginie, la directrice artistique de la SAGAM, a aperçu les deux hommes en noir, et avec une collègue, elles ont tenté de fermer la porte de la société. Mais ils sont entrés tout de même, et l'un d'eux a tiré dans le vide, demandant aux deux femmes où se trouvaient les locaux de *Charlie Hebdo*. Chantal et son collègue n'ont pas le temps de répondre que l'un des deux hommes masqués, braque déjà sa Kalachnikov sur le front de Chantal. L'autre demeure sur le pas de la porte. Pensant avoir affaire à un braquage, le collègue enlève sa montre et la tend à l'homme armé, qui la repousse violemment. « Tu es qui, toi, à *Charlie* ? » demande-t-il à Chantal. Celle-ci en reste sans voix. Elle est convaincue que l'heure de sa mort a sonné. C'est à ses enfants qu'elle pense. Le pilier tendresse de la famille, c'est elle. Elle les imagine recevant l'information de sa disparition. Elle ressent la douleur qu'ils éprouveront tandis que ses yeux apeurés ne quittent pas le regard haineux de l'homme armé qui vient de relever pour un instant sa cagoule. Malgré son effroi, Chantal remarque qu'il est rasé de près. Alertée par la question de Kouachi, Virginie hurle dans les escaliers que *Charlie Hebdo*, ce n'est pas ici. « Vous vous trompez, c'est de l'autre côté, au 10 ! » L'homme jette un regard circulaire sur les poussettes et autres berceaux, puis il fait volte-face, la Kalachnikov pointée devant lui, et redescend l'escalier jusqu'au rez-de-chaussée. Tétanisée, Chantal s'affale sur la table devant elle. Son corps n'est que tremblements. Un sursaut de vie l'entraîne hors de la salle, aussitôt suivie par son collègue. Ils retournent au rez-de-chaussée où ils se réfugient dans les locaux de la SAGAM. L'un des responsables de la société appelle aussitôt le 17. Il précise dans le combiné : « L'homme est cagoulé et masqué, il porte une arme de guerre, peut-être une Kalachnikov. » Chantal est formelle sur ce point. Il ajoute que l'homme a un complice, et que tous deux cherchent à gagner les locaux de *Charlie Hebdo*. Il raccroche, et les sept personnes qui se trouvent, à cette heure, à la SAGAM barricadent fortement l'entrée des locaux avant de se dissimuler, comme ils le peuvent, sous les bureaux, craignant le retour de ceux qu'ils qualifient tout de suite de terroristes.

Les Kouachi ressortent donc du 6 de l'allée Verte et se dirigent maintenant vers le numéro 10 de la rue Nicolas-Appert. Ils continuent à arpenter tranquillement la rue, armes de guerre à la main, masqués et cagoulés. Frédéric Boisseau, un agent de maintenance de la société SODEXO, occupe comme chaque jour la loge du 10. Il bavarde à cet instant avec un de ses collègues, Claude Boutant, quand un homme se présente en demandant où se trouve *Charlie Hebdo*. Frédéric n'a pas le temps de réagir, un tir de Kalachnikov lui ôte la vie. Les tueurs pénètrent dans l'immeuble tandis que Claude Boutant, après avoir constaté la mort de son collègue, se rue sur son téléphone et compose à son tour le 17.

Empruntant sans doute le couloir intérieur qui relie le 6 allée Verte et le 10 Nicolas-Appert, les deux hommes se perdent, s'énervent, hurlent. À l'étage d'un atelier de couture, ils croisent une factrice qui vient porter une lettre recommandée. Elle prend peur, les yeux fixés sur les armes pointées sur elle. « On ne te fera pas de mal, dit l'un des deux tueurs. Où est *Charlie Hebdo* ? » Elle ne répond rien. Toujours bredouilles, les deux hommes grimpent au troisième étage.

Fang Hui Wang, lui, est sorti de ses bureaux de la société BAYOO, et grille à cet instant une cigarette. Il fait froid ce matin-là, il se pelotonne dans son blouson. Soudain, des cris fusent derrière lui. Il se retourne, se retrouve nez à nez avec les tueurs. Pour l'impressionner, l'un d'eux tire vers le fond du couloir, où se trouve une autre société, l'Atelier des Archives. La balle a traversé de part en part l'un des bureaux et est ressortie par la fenêtre. Fang Hui Wang n'ayant pas pu les renseigner, les tueurs arpentent le couloir, de plus en plus nerveux. Ils tombent sur le responsable d'une autre entreprise qui, lui non plus, n'est pas informé de la présence du journal dans l'immeuble.

Toujours tapie sous un bureau, Chantal veut prévenir son mari. Il est 11 h 30. Elle ne veut pas qu'il apprenne par la radio ou la télévision ce qui est en train de se passer. Un autre coup de feu retentit qui fait vibrer les vitres des fenêtres et trembler les murs peu épais de cet immeuble de la Ville de Paris. Cette fois, ils n'ont pas tiré en l'air. Quelqu'un vient d'être abattu. Où ? Personne n'ose bouger. Chantal met un temps fou à composer le texto destiné à son mari tant sa main tremble. Elle précise que la police est prévenue et ne va pas tarder à arriver sur place. Le texto part à 11 h 32.

Après s'être eux aussi barricadés derrière leur porte dépourvue de blindage, des journalistes de Premières Lignes se sont réfugiés sur le toit de l'immeuble. De là-haut, Sylvain, l'un des collaborateurs de l'agence, a l'idée de prévenir un policier qu'il sait être chargé de la protection de *Charlie Hebdo*. Il parvient à le joindre et lui explique ce qui se passe. Le policier répond à Sylvain qu'il est en congé ce jour-là, mais que ses collègues ne vont pas tarder à arriver. Sylvain est pris d'angoisse : comment prévenir l'équipe de *Charlie* ? D'autres journalistes de Premières Lignes sont restés dans les bureaux. Ils écoutent et observent par le judas de la porte ce qui se passe de l'autre côté.

Dans les locaux de *Charlie Hebdo*, la conférence de rédaction se termine. Autour des deux tables rectangulaires rassemblées dans l'étroit espace de la pièce, ils sont presque tous présents, comme Charb le leur a demandé. Quelques absents tout de même : Patrick Pelloux, l'urgentiste et chroniqueur, participe à une réunion chez les sapeurs-pompiers ; Antonio Fischetti assiste, de son côté, aux obsèques de son oncle ; Gérard Biard est à Londres ; la dessinatrice Catherine Meurisse, ainsi que Zineb, chroniqueuse marocaine, sont en vacances ; et

Luz, dès le lever du jour, a fêté son anniversaire avec son amoureuse.

Mais ils sont tout de même nombreux autour de la table en cette rentrée 2015. Comme d'habitude, les échanges ont été vifs. Bernard Maris et Philippe Lançon se sont affrontés au sujet du dernier roman de Michel Houellebecq, *Soumission*. Le matin, l'écrivain était interviewé sur France Inter dans *Le 7/9* de Patrick Cohen. Il a évoqué, avec un peu d'ironie, la surveillance policière de Charb et du journal. Quelques mois après l'attentat, lors d'une interview au *Figaro*, il déclarera : « Quand on essaie d'éviter l'irrationnel, on se met à imaginer des choses, à s'interroger sur le destin qui s'amuse à bien d'étonnantes configurations d'événements. Ce fut une configuration dramatique. » Et d'ajouter : « J'ai été pris dans un mécanisme de coïncidences arrangées par une intelligence inconnue. »

L'affrontement et l'engueulade sont de tradition à *Charlie Hebdo* ; un héritage de *Hara-Kiri*. Et, au cours de la conférence de rédaction, partant du livre de Houellebecq, ils en sont arrivés à parler des djihadistes français, s'interrogeant sur ce que faisaient les autorités françaises face à un phénomène aussi inquiétant. Comment le terrorisme a-t-il pu prendre racine dans notre pays ? Bains de sang, décapitations, voilà ce qui porterait une certaine frange de la population à se radicaliser, et notamment dans les banlieues.

La banlieue… Tignous la connaît bien. En sa présence, il ne faut pas en parler à tort et à travers. Ils ont donc ferraillé, ils se sont affrontés en hommes libres qu'ils sont. Ce jour-là, comme les autres. Mais il a fallu bientôt mettre un terme aux affrontements : l'heure de partager la fameuse galette et le marbré apporté par Sigolène était venue. Il est 11 h 30, un dessin d'Honoré est posté sur Twitter, présentant les vœux de *Charlie Hebdo* au numéro un de Daech, Al-Baghdadi.

La dessinatrice Coco propose à Angélique, la standardiste, de sortir fumer une cigarette. Emmitouflées dans leurs parkas, paquet de cigarettes et briquet en main, elles quittent les lieux. À l'intérieur, chacun range ses affaires. Après avoir discuté avec Simon, le webmaster, comme en témoigne la vidéosurveillance de l'accueil du journal, Georges fait de même. Philippe Lançon, lui, a déjà enfilé son caban, il s'apprête à sortir quand, soudain, il se ravise : il veut montrer à Cabu un livre sur le jazz, *Blue Note*, qui rassemble des photos en noir et blanc des années cinquante et soixante.

Comme Georges, Jean Cabu est un fou de jazz. Je l'imagine ouvrir ses grands yeux rieurs, fasciné par les photos de Miles Davis, John Coltrane, Thelonious Monk et d'autres, ceux qui ont fait, avec le succès que l'on sait, le jazz de ces années-là. Philippe explique que, dans l'après-midi, il va écrire un article sur ce livre magnifique. Pour l'heure, il est pressé, il doit partir. Cabu enfile son duffle-coat et invite son ami Michel Renaud, président du festival Rendez-vous du Carnet de voyage de Clermont-Ferrand, à partager avec eux la galette. Michel Renaud assiste pour la première fois à la conférence de rédaction. Il est venu rapporter à Cabu des carnets de croquis et il a pris date avec Georges pour un prochain festival. De son côté, Philippe va ranger le livre dans sa sacoche abandonnée à l'extrémité de la pièce. Charb bavarde au même moment avec son garde du corps, Franck Brinsolaro, qui a assisté à la conférence de rédaction. Depuis l'incendie des anciens locaux et la fatwa prononcée contre lui, relayée par les médias djihadistes, il a obtenu une protection : d'abord trois hommes armés d'une arme de poing, puis quelques mois plus tard, deux. Charb et Franck, son « épaule » comme on dit dans le jargon policier, s'entendent bien. Ils déjeunent souvent ensemble aux Petites Canailles, le restaurant où les « Charlie » ont pris leurs habitudes et où Georges tient tant à m'emmener. J'ai toujours refusé, connaissant mal les « Charlie ». Charb a proposé à son garde du corps d'assister aux conférences de rédaction, comme c'était l'usage avec les précédents. Et celui-ci a accepté. Il n'est pas à la table, bien sûr, mais installé un peu en retrait. Les menaces s'intensifient, c'est d'ailleurs pourquoi Charb est au niveau 2 de surveillance, niveau élevé sur une échelle de 4. Quant au second garde du corps de Charb, il est sorti pour s'acheter un sandwich boulevard Richard-Lenoir.

Tandis que Coco et Angélique descendent l'escalier en bavardant, elles sont surprises par des éclats de voix à l'entrée de l'immeuble. Elles se retrouvent nez à nez avec deux hommes armés. « T'es Coco, toi, tu vas nous amener à *Charlie Hebdo* », ordonne l'un. « Toi, tu restes là », dit l'autre à Angélique. Que se passe-t-il dans la tête de Coco, Kalachnikov sur la tempe, sommée de conduire ce qu'elle comprend être des terroristes dans les locaux du journal, alors qu'elle est censée aller tout à l'heure chercher son enfant à la crèche ? Sans doute une terrible confusion qu'elle gardera secrète parce que, par pudeur, on ne lui a pas posé la question. Elle croit gagner du temps en les égarant au troisième étage. Ses jambes flageolent dans les escaliers, l'arme ne quitte pas sa tempe. « Où tu vois *Charlie Hebdo* ? » vocifère l'homme en noir. Sur la porte des locaux, nulle mention de la présence du journal satirique, mais celle des Éditions Rotative. Les hommes s'impatientent, leurs gestes se font plus brutaux. Au second, Coco s'arrête devant une porte à côté de laquelle a été installé un digicode.

L'homme lui demande de composer le code. À cet instant, a-t-elle pensé, comme Chantal, à son enfant ? À ses collègues et amis qui se trouvaient dans la salle, sur le point de se réunir autour d'une galette des rois ? Ceux qui allaient être assassinés. Coco compose le code.

Édouard, journaliste à Premières Lignes, se tient toujours en embuscade en compagnie de quelques-uns de ses collègues. À tour de rôle, ils observent par le judas ce qui se passe sur le palier. Ils entendent des hurlements. Les hommes en noir qu'Édouard a aperçus ordonnent à une femme qu'ils prénomment Coco de composer le code d'entrée. Édouard et les autres ne connaissent pas Coco. À plusieurs reprises, Édouard lui aussi a croisé Cabu ou Georges, mais il n'a jamais vraiment fait connaissance avec l'équipe. Les journalistes comprennent ce qui va se passer. Ils voient les deux hommes en noir dans le couloir, puis en train de pénétrer dans les locaux de *Charlie*. Édouard a l'idée de déclencher la sirène d'incendie mais il se ravise, jugeant que cela pourrait provoquer une catastrophe. Il téléphone à nouveau à la police, réitérant son propos. À ce moment-là, onze appels sont déjà parvenus au 17, le standard de la police qui diffuse les informations à l'ensemble des policiers en faction.

Onze appels, tous de la même teneur, évoquant *Charlie Hebdo*, les hommes masqués et cagoulés, les armes de guerre. Le premier a été lancé à 11 h 18 par un agent de maintenance, un collègue de Frédéric Boisseau, après l'assassinat de celui-ci. Le deuxième par le responsable de la SAGAM. A suivi un appel du gérant de la société Atelier des Archives, située au troisième étage du numéro 6 de l'Allée verte, là où les tueurs sont allés se perdre avant de revenir vers le 10 de la rue Nicolas-Appert. À 11 h 29, c'est une des journalistes de Premières Lignes qui tente (en vain) d'appeler la police. Le réseau est encombré. D'autres appels seront passés de l'immeuble qui fait face au 10. Pourtant, rien n'empêchera les hommes en noir de pénétrer dans les bureaux du journal.

Il semblerait qu'à 11 h 25, une patrouille cycliste du XIe arrondissement ait intercepté un premier message et se soit dirigée vers la rue Nicolas-Appert, avant de capter un deuxième message. Ces derniers font état de coups de feu tirés rue Nicolas-Appert, sans autres précisions. Car les premiers messages parvenus à la police ne mentionnent pas le nom du journal. Vers 11 h 25, la patrouille cycliste du commissariat du XIe reçoit ainsi un message radio de la BAC, déjà sur place, qui demande des renforts et signale que c'est urgent, sans plus de précision. Vers 11 h 27, la police informe les pompiers des coups de feu entendus au 10, rue Nicolas-Appert. *Charlie Hebdo* n'est toujours pas mentionné.

11 h 33, selon la caméra de la vidéosurveillance

de l'accueil. La porte d'entrée cède sous une violente poussée. Un premier homme en noir, cagoulé et masqué, arme de guerre à la main, fait irruption en criant : « Allah akbar ! » suivi d'un autre, dans le même accoutrement, arme à la main lui aussi. Le premier pousse Coco, hagarde, contre un mur et tire une première fois sur Simon Fieschi, le webmaster du journal, qui s'est levé en hâte de sa chaise et qui aussitôt s'effondre, gravement blessé. La salle de rédaction est à deux mètres. Aucun obstacle, aucune protection. Pas de portes badgées. L'un des deux tueurs reste à l'accueil, dans le minuscule espace qui lui est réservé, tandis que l'autre fait sauter la porte en criant de nouveau : « Allah akbar ! » Puis, s'avançant, il demande : « Où est Stéphane Charbonnier ? » appelant Charb par son patronyme. Puis il tire, tire. Balle après balle. Tous, dessinateurs et journalistes, sans un mot, sans un cri, tombent, chacun à leur tour, sous les balles des terroristes. Charb, Georges, Cabu, Tignous, Honoré, Elsa Cayat, Bernard Maris. Franck Brinsolaro, le garde du corps de Charb, dégaine en vain. Bien qu'il soit toujours en alerte, il n'a pas pu entendre, la porte des locaux étant blindée, le claquement des premiers tirs des tueurs qui viennent d'abattre, dans l'entrée de l'immeuble, l'agent d'entretien Frédéric Boisseau. Laurent Léger se trouve à l'arrière de la table de la conférence. Il a le temps et la présence d'esprit de se jeter sous la petite table réservée aux officiers de sécurité de Charb, pour n'en plus bouger. Blessés, Riss et Fabrice Nicolino, un autre journaliste, font les morts. L'odeur de poudre envahit la pièce. À l'arrière de la salle, Philippe Lançon s'effondre. Il a encore en main le livre de jazz. Il est vivant, mais grièvement blessé à la mâchoire. Comme ses amis, il fait le mort. Sigolène, elle, sidérée par ce qu'elle vient de vivre, en oublie le café qu'elle était venue se préparer dans le réduit attenant à la salle de rédaction. Dès l'irruption des tueurs, elle s'est jetée au sol et a rampé les yeux fermés. Réfugiée maintenant derrière un muret qui sépare les bureaux, elle écoute et n'entend que les coups de feu. Mais bientôt les pas de l'un des tueurs se rapprochent d'elle. Elle voit avancer ses jambes noires. Mustapha, le correcteur, qui, lui aussi, s'était plaqué au sol, vient d'être repéré. Nouveau tir. L'homme avance encore un peu et distingue Sigolène. Il contourne le muret et la met en joue. Confrontée au regard du tueur et à la Kalachnikov, elle tremble et éclate en sanglots. Mais il lui semble que l'homme, « au regard doux », se trouble. « N'aie pas peur. Calme-toi. Je ne te tuerai pas. T'inquiète pas, on ne tue pas les femmes, mais réfléchis à ce que tu fais, parce que ce que tu fais est mal. Je t'épargne à condition que tu lises le Coran. » La voix est rauque, saccadée. Elle l'entendra longtemps après l'événement, comme elle aura du mal à se débarrasser de ce regard posé sur elle. L'homme se retourne alors vers la salle de rédaction, où son comparse continue le massacre. « On ne tue pas les femmes ! » hurle-t-il à trois reprises. Malgré son effroi, Sigolène pense à Jean-Luc, le maquettiste, dissimulé derrière son bureau. Jean-Luc, lui, a entendu les tout premiers tirs et, pensant à une explosion, avant même l'entrée des frères Kouachi, il s'est couché sous son bureau, situé de l'autre côté d'une vitre qui sépare la salle de réunion des autres espaces réservés à l'administratif et à l'édition. Il semble à Sigolène que le tueur ne l'a pas vu. Pendant ce temps, l'autre continue à tirer.

« C'est bon, on a eu Charb. » Laurent entend la voix de celui qui a froidement, sereinement, exécuté ses camarades. « On les a tous eus », répond le deuxième venu en renfort. Il est 11 h 35. Les tueurs ont achevé leur mission. Ils quittent les locaux de *Charlie*.

Jean-Luc perçoit le bruit des pas des tueurs dans les escaliers. Il sait qu'une fois debout, il sera confronté à l'effroyable scène : tous morts, pense-il, avec le frêle espoir que certains ne sont peut-être que blessés et qu'il faudra leur porter secours.

Les plumes impertinentes du dessin de presse ont servi de cibles aux fondamentalistes religieux. On a tenté de tuer le rire, ce contre-pouvoir. Mais, comme l'a écrit ma fille, Elsa, dans une lettre à son père, publiée dans le journal *Elle*, « ils ont tué l'homme, mais pas les idées ». Ils ont tué tous ces talents, mais leurs idées continueront de rayonner. La patrouille en VTT qui arrivera après la voiture de la BAC sur les lieux, juste avant que les terroristes sortent du 10, réclamera encore des renforts. Ce n'est qu'à 11 h 40 qu'un message radio signalera des coups de feu, entendus près des locaux de *Charlie Hebdo*. Au même moment, la Brigade d'enquête et d'initiative du XIe arrondissement l'apprend elle aussi. Mais il est trop tard.

3

Un silence de mort plane durant quelques minutes dans les locaux de *Charlie Hebdo*. Un « blanc » effroyable, se rappelle Laurent. Soudain, ceux qui ont échappé à la mort entendent au loin une fusillade. Dehors, les hommes en noir tirent sur les policiers de la BAC. Jean-Luc, le maquettiste, se décide à se lever. Près de lui se trouve Cécile, la responsable de la maison d'édition de *Charlie*, Les Échappés. Il a vu sa collègue entraîner avec elle Luce, spécialiste de l'écologie et des animaux, et elles aussi se sont cachées sous les bureaux. Après Jean-Luc, Sigolène se relève à son tour. Elle découvre une scène d'horreur. Philippe, la joue arrachée par une balle, lui fait signe de venir l'aider. Les corps de deux de ses amis reposent sur lui. Sigolène se rapproche. Elle voudrait soulever les dépouilles et lui tendre la main. Elle le voudrait mais, prise d'une terrible nausée, elle n'y parvient pas. Elle songe alors qu'elle doit d'urgence appeler les pompiers et part à la recherche de son téléphone mobile égaré parmi les corps. Elle finit par mettre la main dessus et compose le numéro, hurlant dans le combiné : « C'est *Charlie Hebdo*, venez vite, ils sont tous morts ! » À ce moment, elle aperçoit Cécile, Luce et Coco, puis Jean-Luc. Sains et saufs. Ensuite, pour ceux qui restent et s'étreignent, l'attente des secours est interminable.

Les sept membres de la SAGAM, et Chantal avec eux, toujours blottis sous les bureaux et barricadés, ont entendu la fusillade. Quelqu'un a dit à voix basse : « Ils ont assassiné *Charlie Hebdo*. »

Thomas, Julien, Nathalie et Marie-France, en embuscade dans le hall du théâtre, ont tout entendu eux aussi. Quand des cris jaillissent de la porte du 10, rue Nicolas-Appert, ils se ruent à la fenêtre du bureau de Marie-France d'où ils voient sortir les deux tueurs, levant haut leur Kalachnikov et criant : « On a vengé le prophète Mahomet ! » Dans l'allée Verte, trois policiers arrivent à VTT.

Il doit être 11 h 45 quand Chantal entend la première sirène de police : une voiture de sécurité vient renforcer celle de la BAC de l'arrondissement. Les trois policiers à bord tirent sur l'arrière de la C3 noire des tueurs. Des policiers qui ne sont pas équipés pour lutter contre les armes de guerre de leurs adversaires, et ils le savent. La voiture recule vers le boulevard Richard-Lenoir et les policiers se mettent à couvert.

Le policier Ahmed Merabet, lui, patrouille en voiture non loin de l'endroit où la fusillade contre le véhicule de la BAC a éclaté. Il sort de l'habitacle. De la fenêtre du théâtre, Thomas lui crie que les deux terroristes sortent de *Charlie Hebdo*. Ahmed Merabet tire, reçoit une balle dans la jambe, tente de se protéger en s'enfuyant vers le boulevard Richard-Lenoir.

Dans l'immeuble d'en face, un homme a tout entendu, il ouvre la fenêtre et enclenche la touche vidéo de son téléphone mobile. Il voit le policier tomber sur le trottoir, se tordant de douleur. Deux hommes tout de noir vêtus, armés de fusils, vont à sa rencontre. L'un d'entre eux s'approche du blessé : « Tu voulais nous tuer, hein ? » ricane-t-il. Le policier tente de se relever et supplie : « Non, chef, c'est bon ! » Le tueur pointe sa Kalachnikov et, de sang-froid, il l'exécute.

L'homme à la fenêtre est sidéré par la scène à laquelle il vient d'assister. Aussitôt, il poste la vidéo sur Facebook. Ces images d'un meurtre en direct feront le tour du monde, mais choqueront les réseaux sociaux. Quelques minutes plus tard, la vidéo sera retirée. Aujourd'hui encore, l'homme qui a filmé se dit « otage » de cette séquence qu'il regrette d'avoir enregistrée. Il ne s'est pas rendu compte du danger qu'il courait. Et depuis, il n'en dort plus.

Quant au valeureux Ahmed, il n'a sans doute pas eu le temps de penser à sa mère chez laquelle il vivait encore. Il venait de finir de construire une maison pour elle et lui et avait lancé les invitations pour la pendaison de crémaillère. Il aspirait au poste d'officier de police judiciaire et avait brillamment passé l'examen. Il nourrissait un nouveau projet : la magistrature. Les tueurs en noir auront mis fin à son rêve.

Peu après, Thomas, le comédien, voit arriver deux hommes : l'un tient à la main un appareil photo. En quelques minutes, la rue s'emplit de policiers et de journalistes. Que s'est-il donc passé entre le premier appel, à 11 h 18, et le moment où la police de l'arrondissement prend conscience que la tuerie a eu lieu au journal menacé, à 11 h 40 ? Les policiers de la BAC de l'arrondissement ont témoigné qu'ils ignoraient que *Charlie Hebdo* se trouvait rue Nicolas-Appert, ni même dans l'arrondissement où ils étaient affectés. Sans doute n'étaient-ils pas les seuls. Mais pourquoi le nom du journal n'est-il pas mentionné dans les premiers messages d'alerte ? N'y a-t-il aucune connexion entre le SDLP et le commissariat de l'arrondissement ?

Chantal entend la première sirène de la police à 11 h 45. Elle sera suivie de beaucoup d'autres. Ensuite, ce n'est plus qu'un concert de sirènes. Les uns après les autres, les employés de la SAGAM sortent de leur abri. Trente minutes qui auront bouleversé la vie de Chantal, devenue claustrophobe, prise de terreur au moindre bruit, insomniaque et en arrêt maladie depuis l'attentat.

Avant de s'enfuir, sans vraiment se presser, l'un des deux tueurs, ramassant la chaussure qu'il a perdue en se précipitant aux trousses d'Ahmed Merabet, s'est écrié : « Vous direz aux médias que c'est de la part d'Al-Qaïda au Yémen ! »

Les deux hommes n'étaient certainement pas, comme on a pu le lire ici ou là dans la presse, des loups solitaires. Ils avaient reçu des ordres. Quelques jours après l'attentat, Al-Qaïda au Yémen confirmait d'ailleurs, dans une vidéo, avoir commandité le massacre de *Charlie Hebdo*. Très vite, les enquêteurs ont remonté la filière des complices dont certains s'étaient déjà enfuis en Turquie *via* la Syrie. Parmi eux, les frères Belhoucine. De Turquie, ils ont adressé ce message à leur famille : « Ne vous inquiétez pas, on a rejoint le califat. On préfère vivre dans un pays régi par la charia et non par des lois inventées par les hommes. »

4

Après mon rendez-vous, je décide de prendre un taxi. À la station des Gobelins, le chauffeur est accueillant. Les nappes de brouillard se sont dissipées, il est midi trente et je me sens bien. Mon rendez-vous avec une personne que je souhaitais interviewer depuis longtemps s'est bien passé, je vais pouvoir avancer dans l'écriture de la pièce de théâtre sur laquelle je travaille depuis quelques mois. Je décide de rentrer déjeuner à l'appartement avant de rejoindre Georges, sur les quais. J'imagine qu'à cet instant il est toujours en train de partager la fameuse galette des rois avec les « Charlie ». Je pense aussi que, finalement, ce déménagement annoncé est une chance, et que, si je m'en suis inquiétée quand j'en ai été informée, aujourd'hui je m'en trouve plutôt satisfaite. Un peu de nouveauté, de mouvement dans notre couple, après quarante-sept années passées auprès de mon talentueux mari. Oui, l'idée de déménager me donne maintenant des ailes.

Machinalement, j'allume mon mobile dans l'idée d'appeler Georges pour lui rappeler notre rendez-vous. Il ne répond pas. A-t-il oublié de rallumer le sien, à la fin de la conférence de rédaction ? Je lui laisse un message. Je sais qu'il me rappelle dans la minute lorsqu'il voit mon prénom s'afficher à l'écran. Je m'apprête à ranger mon téléphone dans mon sac, quand je m'aperçois qu'il contient un nombre important de messages vocaux. Vingt-cinq, exactement, et autant de textos, provenant pour certains d'amis que je n'ai pas vus depuis des mois. En une heure à peine ? Tant d'appels ? Je suis troublée. Je commence à les lire. « Comment va Georges ? » « Georges est-il chez vous ? » « Georges a-t-il assisté à la conférence de *Charlie* ? » « Où est Georges ? » « As-tu des nouvelles de Georges ? »

Je ne comprends pas. J'entends encore les derniers mots que Georges m'a lancés quelques heures plus tôt, avant de quitter l'appartement. « Chérie, je vais à *Charlie.* » Il est donc là-bas. Sinon, où pourrait-il bien se trouver ? Lui est-il arrivé quelque chose ? Je m'adresse au chauffeur de taxi. « Monsieur, je viens d'allumer mon téléphone et j'ai de très nombreux messages, notamment de personnes que je n'ai pas vues depuis longtemps et qui me demandent des nouvelles de mon mari. » Nous

nous trouvons devant le Sénat, à l'entrée de la rue de Tournon. Le chauffeur ralentit, se gare et se tourne vers moi : « Madame, je ne sais pas ce que fait votre mari… Mais vous n'êtes pas au courant de ce qui s'est passé ? » « Non, que se passe-t-il ? » Les battements de mon cœur s'accélèrent. « Il y a eu un attentat, madame, et c'est grave ! » « Un attentat ? Mais où ? Mon mari était à son journal… » « Un attentat, madame, au journal *Charlie Hebdo*. »

J'ai la sensation que mon corps ne m'appartient plus. « Il faut y aller, lui dis-je. Je veux voir mon mari. » Le chauffeur hésite et me déconseille de m'y rendre. « Le quartier, explique-t-il, est déjà bouclé. Nous ne pourrons pas y accéder. » J'insiste, je veux absolument voir mon mari, je veux être auprès de lui. La pression monte, une étrange chaleur m'envahit. Mes idées se brouillent. Je n'y vois plus clair. À ce moment-là, mon téléphone sonne. Arnauld, mon gendre, se trouve sur les lieux de l'attentat, au 10, rue Nicolas-Appert. Les bureaux de sa société étant proches, alerté *via* les réseaux sociaux, il s'est précipité à *Charlie Hebdo*. « Alors ? Où est Georges ? Je veux être près de lui. » Je ne laisse pas parler Arnauld et il finit par m'interrompre. Il est d'accord avec le chauffeur de taxi, je dois rentrer à mon domicile et y attendre les nouvelles. « Pour l'heure, on ne sait rien. » « Comment ça, on ne sait rien ? Mais ce n'est pas possible… » J'insiste encore, Arnauld me ment, je veux voir Georges, lui parler, le serrer contre moi. « Non, non, dit Arnauld, il faut rentrer chez vous. » Sa voix tremble, d'angoisse, de peur, je m'en rends bien compte. Il raccroche. « Nous allons chez vous ? demande le chauffeur de taxi. Madame, je vous en prie, c'est plus raisonnable, insiste-t-il. Je voudrais tellement qu'il ne soit rien arrivé à votre mari. » Il allume la radio. Ensemble, nous sommes suspendus aux nouvelles, mais je n'entends rien, je ne comprends rien. Deux hommes armés de Kalachnikov, une fusillade dans les locaux de *Charlie Hebdo*, les journalistes tenus à distance par la police et, finalement, rien de plus, sinon, en boucle, qu'il y a eu une fusillade, qu'il y a des morts et des blessés et que c'est un attentat. « Chérie, je vais à *Charlie*. » Le dernier petit mot que Georges m'a écrit, l'avant-veille, me revient en mémoire : « Chérie, je suis allé manger des sushis, rue de la Chaise. Il est 9 h 15, je vais lire un peu et je vais m'endormir en pensant à toi. Je suis inquiet parce que tu fais trop de choses et que tu es fatiguée. Je t'aime comme toujours. »

Et un autre, plus ancien, que je ne peux oublier : « Chérie, je pense à toi, tu es la femme de ma vie. Hélas ! La vie est courte. À demain, je crois que nous allons au théâtre (Vieux Co), ton époux depuis 42 ans. Je t'aime, G. »

Nouvelle sonnerie du téléphone : c'est ma fille, la voix étranglée. « Maman, tu dois rentrer à l'appartement, je vais te rejoindre. » « Es-tu à *Charlie Hebdo* ? » Elle a raccroché. La sonnerie retentit à nouveau, tandis que la voiture descend le boulevard Raspail. « As-tu des nouvelles de Georges ? » J'ai peine à reconnaître la voix de Françoise, mon amie magistrate. « Françoise, il faut que nous obtenions très vite des nouvelles de Georges. » Son téléphone ne répond plus. Françoise, elle aussi, raccroche très vite après m'avoir recommandé de ne pas me rendre sur les lieux de l'attentat.

Nous sommes arrivés devant mon immeuble, le chauffeur m'accompagne jusqu'à la porte. Il m'aide à pénétrer dans le hall et me dit, les larmes aux yeux : « Madame, je souhaite qu'il ne soit rien arrivé à votre mari. Je vais penser à vous. Je vais prier pour vous. »

Que peut-il arriver à Georges qui ne m'arrive à moi ? Je monte les escaliers en titubant. Je revois les larmes dans les yeux de ce chauffeur de taxi que je ne pourrai plus oublier. Je mets un temps fou à ouvrir la porte de mon appartement. Une fois à l'intérieur, je me déleste de mon sac à main et des documents que je portais, et je pense à ce que m'a dit Arnauld. Rester sur le canapé en attendant son appel. L'idée ne m'effleure même pas d'allumer la radio ou le poste de télévision. Je marche de long en large dans ma chambre, je tourne les pages d'un manuscrit que j'ai promis de lire, mais les lignes sautent sous mes yeux perdus. Je ne pense qu'à Georges, à son sourire, à ses baisers, à ses gestes de tendresse, lui qui a écrit dans plusieurs de ses livres que « la tendresse, c'est la fin de l'amour ». Pour lui, l'amour devait demeurer intense ou ne pas être. Mais il savait multiplier les gestes tendres. Une image m'obsède : Georges dans la salle de rédaction du journal. J'ai envie de le serrer contre moi, de prendre son visage dans mes mains, de l'embrasser sur la bouche. Je voudrais sentir son corps vivant.

5

À 12 h 17, la police judiciaire entre dans les locaux de la SAGAM où Chantal et les collaborateurs de la société sont sortis de leur cache. Les questions s'enchaînent. Combien étaient-ils ? Leur âge ? À quoi ressemblaient-ils ? Que portaient-ils comme vêtements ? Quel genre d'armes ? Chantal sent encore la pointe de la Kalachnikov sur sa tempe. Elle n'a plus assez de voix pour répondre. Elle tremble, serrant contre elle son téléphone mobile qui la relie à son mari et à ses deux enfants. Qui la relie à cette vie qu'elle a failli perdre. « Vous pouvez partir », dit un policier qui semble être le chef. « Si besoin, on vous rappellera. »

Dans la rue, Chantal est confrontée aux urgentistes, ambulanciers, sapeurs-pompiers, policiers, journalistes, cameramen, photographes, hommes politiques. Elle croise Manuel Valls, qui a pris le relais du président sur les lieux du drame. Elle se demande ce qu'ils viennent faire ici. Tous posent devant la porte du 10, rue Nicolas-Appert, mais pourquoi ? Pour témoigner de leur solidarité ? Au deuxième étage, une scène horrible, une tuerie monstrueuse a eu lieu. Il n'y a plus rien à dire. Les mots sont vides, multipliés devant les caméras.

Le quartier est complètement bouclé, et Paris, terriblement embouteillé. Les déplacements des ministres et autres officiels sur les lieux ont mobilisé les policiers qui assurent leur protection. Depuis mon appartement, j'entends les sirènes des motards qui ouvrent les cortèges. Mais je ne sais toujours pas où se trouve Georges et pourquoi il ne m'appelle pas. Je lui ai pourtant laissé un message, il devrait me rappeler. S'il ne le fait pas, c'est qu'il ne le peut pas. Pourquoi ? L'attente n'est que douleur, désordre, incompréhension. Georges, nous avons rendez-vous sur les quais pour envisager notre nouvelle vie ! Je pense à nous deux, mais c'est lui, et lui seul, qui doit pourtant, à ce moment, occuper mes pensées. Soudain, une question me traverse l'esprit : pourquoi est-ce Arnauld qui m'appelle, et non Georges ?

Dans le théâtre, Thomas a fait la chasse aux journalistes. Alors qu'ils n'avaient pas le droit de franchir le cordon de sécurité, l'un d'entre eux s'est faufilé, entrant par la cour du théâtre et se réfugiant dans les toilettes où, par la fenêtre, il filme l'effervescence des secours, le rassemblement des policiers et l'arrivée des familles. Thomas, furieux, le chasse violemment de sa cache. Il en a assez vu pour aujourd'hui. Il sait que, en face, au deuxième étage, des dessinateurs qu'il a tant admirés ont perdu la vie sous les tirs de terroristes. Un attentat vient d'avoir lieu à *Charlie Hebdo*. Et, pense-t-il, rien n'a été fait pour l'empêcher. Il devait être 11 heures quand les Kouachi sont arrivés. Malgré l'appel passé au 17, comment se fait-il que la police ne soit pas intervenue avant que les tueurs atteignent les locaux de *Charlie* ? Lui-même a été un témoin impuissant. Il veut à tout prix s'éloigner de cet enfer. Il salue l'équipe et leur annonce qu'il part pour Avignon. Mais impossible de sortir du périmètre de sécurité sans une escorte. Une voiture de police l'accompagne jusqu'à la place de la Bastille, ouvrant le passage. Ensuite, complètement bouleversé par ce qu'il vient de vivre, il prendra la route en direction du sud.

Après le départ de Thomas, Nathalie et Julien se sont réfugiés dans le théâtre où ont été amenés les « impliqués », dits encore les « survivants ». On leur a passé une étiquette au cou, sur laquelle est inscrit un mot : « impliqué ». L'un d'entre eux raconte que lorsque les policiers sont entrés dans la salle de rédaction de *Charlie*, ils ont d'abord été saisis par la scène de massacre qu'ils avaient sous les yeux. Atterrés, ils ont eu de la peine à avancer et à se pencher vers les victimes. Un gradé d'une voix forte a alors hurlé : « Les survivants, sortez ! » Les survivants. Ceux qui l'ont pu ont quitté les locaux, pris en charge par les secours. Ensuite, les familles des victimes qui se sont rendues rue Nicolas-Appert ont eu le droit d'entrer dans la salle du théâtre.

Ce ne sont que cris, hurlements, sanglots. Chacun veut savoir, mais rien ne filtre, les policiers restent muets. Savent-ils ? Ont-ils des consignes ? Chloé Verlhac, la femme du dessinateur Tignous, emmitouflée dans sa grosse écharpe, a tenté de se faufiler dans la foule des journalistes, politiques, ambulanciers, secouristes et policiers, pour se rapprocher de la porte d'entrée du 10, rue Nicolas-Appert. Le service d'ordre lui interdit d'avancer. Comme moi, elle veut savoir ; elle veut prendre son Tignous dans ses bras et le ramener bien vite à la maison où les attendent leurs deux petits. Mais non, impossible. On lui désigne, au choix, le théâtre ou les tentes de la police et des secouristes. Elle, ce qu'elle veut, c'est une réponse à sa question : « Où est mon Tignous ? Que lui est-il arrivé ? Est-il là-haut, dans les locaux ? » Elle n'obtient aucune réponse et on lui demande de circuler. À nouveau, elle se glisse entre les policiers pour éviter les photographes et les journalistes qui tournent autour des familles à la recherche d'un scoop. Et puis, sur un bout de trottoir, alors qu'elle se dirige vers le théâtre, quelqu'un lui annonce que dix personnes sont mortes et qu'il y a des blessés. Les larmes affluent, elle se dissimule dans son écharpe. Ses jambes se dérobent. Elle entre dans le hall et attend, prend le verre d'eau que lui tend Nathalie, l'habilleuse du théâtre. Elle attend, mais elle n'en peut plus. Puis, elle tient tête à un policier et le somme de lui dire si son Tignous est mort, blessé, ou vivant. Vivant ? Non, elle n'y croit plus. Il serait déjà là pour la serrer dans ses bras. « Dites-moi ? Dites-moi ? » Et la nouvelle du décès lui parvient, au milieu de cette foule en pleurs. Nathalie n'en revient pas que l'on n'ait pris aucun égard, que l'information ait été jetée à la cantonade, ou presque. Elle avait pourtant bien suggéré aux policiers de recevoir les familles dans le bureau de la direction demeuré vacant, mais ils n'ont pas donné suite.

Hélène, la fille d'Honoré, a, quant à elle, été prévenue par sa mère. Elle a rejoint le XIe arrondissement pour en savoir plus. Impossible d'approcher. Elle se retrouve boulevard Richard-Lenoir, côtoyant secouristes et policiers avares de réponses à ses questions. Elle voit passer des ambulanciers portant des civières.

Un policier finit par avoir pitié de cette jeune femme grelottante et lui indique la tente de la Croix-Rouge. Elle s'y rend. On la fait asseoir, on lui tend un verre d'eau et on lui promet d'apporter une réponse à sa question : « Où est mon père ? Fait-il partie des victimes ? Est-il blessé ? » Les heures tournent, sans nouvelles. Elle décide alors de se rendre au théâtre. Peut-être trouvera-t-elle quelqu'un de *Charlie*, un survivant, pour la renseigner ? Mais l'attente est insupportable. Elle ne cesse de téléphoner à sa mère qui, elle, ne quitte pas sa télévision des yeux. Pour l'heure, les chaînes ne donnent aucune précision. Elle accède enfin au trottoir devant le théâtre. Des policiers la refoulent : « Ici, nous ne prenons que les "impliqués". » À cet instant, la maire de Paris, Anne Hidalgo, entourée de gardes du corps et de policiers, fend la foule pour entrer dans le hall du théâtre. Hélène n'en peut plus, elle cède à la colère et crie : « On laisse passer les politiques, mais pas les familles ! » Anne Hidalgo l'a entendue. Elle se retourne et lui fait signe de la rejoindre. À l'intérieur, en effet, les politiques sont mêlés aux « impliqués » et à ceux des collaborateurs de *Charlie Hebdo* qui n'ont pas assisté à la conférence de rédaction et ont donc eu la vie sauve. Hélène se rue vers Jean-Luc, le maquettiste du journal. Lui sait. Il prend Hélène par le cou et lui annonce : « Ton père est mort, comme Wolinski, comme Cabu, comme Elsa Cayat, comme Charb et son garde du corps, comme Bernard Maris, comme Mourad. » Maintenant, elle aussi sait. La présence des « impliqués », comme Jean-Luc et Laurent, l'aide à surmonter sa douleur.

Nathalie aussi est présente auprès d'elle. Elle joue les psys, distribue cafés, verres d'eau, cigarettes. Elle voudrait se réfugier dans le bureau de la directrice du théâtre et se reposer quelques secondes, ne plus entendre les sanglots, ne plus avoir à calmer les crises de nerfs, ne plus avoir à assister à ces scènes de détresse qu'elle a de plus en plus de mal à supporter, mais elle n'en a pas le temps. Julien vient en renfort, lui aussi est contraint de jouer les psys. Il est à l'écoute de ceux qui éprouvent un besoin fou de parler, de raconter, de dire la sidération, les tirs, l'odeur de poudre, et les jambes noires des tueurs qu'ils voyaient de l'endroit où ils s'étaient mis à couvert.

D'autres sont plus silencieux. Assis par terre, ils pleurent, le visage enfoui dans les mains. Le théâtre ne cesse de se remplir. Nathalie continue de servir. Elle se penche vers un « impliqué », et lui tend un gobelet de thé. « Attention, dit-elle, c'est brûlant. » L'homme trempe son doigt à plusieurs reprises, se brûle sans broncher et avale d'un coup le liquide. Elle ne les connaît plus, ces journalistes et dessinateurs de *Charlie Hebdo*, parce qu'elle ne lit plus le journal. Elle le faisait, dans le temps, à la grande époque des Choron, Cavanna, Wolinski, Cabu, Reiser. Ceux-là, elle les aurait reconnus. Mais elle les sait de l'autre côté de la rue, deux étages plus haut. Puisqu'ils ne figurent pas parmi les blessés, ni parmi les « impliqués »…

Elle n'ose pourtant penser qu'ils sont morts. Morts, assassinés. Parce que la fourgonnette de la police n'était plus là. Elle a toujours en mémoire l'arrivée des trois hommes cagoulés, dont l'un était le conducteur et ne portait pas d'armes. Interrogée quelques jours plus tard au quai des Orfèvres, elle racontera la scène. Selon Nathalie, on lui demandera de ne pas mentionner le troisième homme. Pourquoi ? La valeur de son témoignage est remise en question. Nathalie a imaginé qu'il avait ôté sa cagoule et son masque et s'était enfui sans qu'on le voie. Thomas, de son côté, dit l'avoir aperçu devant la porte du 10, tandis que les deux autres cherchaient *Charlie Hebdo*. Sous l'effet de la panique, les témoignages fluctuent. Mais Nathalie et Thomas ne sont pas les seuls à mettre en avant l'hypothèse d'un troisième homme. Des policiers de la BAC disent avoir vu sortir du 10 trois hommes cagoulés.

À 15 heures, quand arrivent les médecins et les psychiatres, Nathalie est soulagée. Elle va enfin pouvoir sortir dans l'air froid de l'après-midi, et fumer une cigarette. Elle est en manque, elle a faim, nourrie seulement des derniers Mars, paquets de chips et autres madeleines qu'elle a trouvés dans les corbeilles du théâtre et qu'elle a partagés avec des « impliqués » ou des familles. Maintenant, il ne reste plus rien. Elle court à l'étage chercher des couvertures pour les « impliqués », descendus de *Charlie Hebdo* sans leurs effets et qui commencent à grelotter dans la salle à peine chauffée. Mais impossible de sortir. Un policier l'en empêche. Ils sont tous consignés jusqu'à 18 h 30. Un policier demande à Nathalie de se rendre au quai des Orfèvres. Elle refuse. Elle n'en peut plus et veut rejoindre sa fille qu'elle a sans cesse au téléphone et qui est inquiète de la savoir toujours sur les lieux de l'attentat.

6

Impossible de m'asseoir. Je vais de mon bureau à mon lit, du canapé à la chaise, je me dis à nouveau qu'il ne peut rien arriver à Georges, que ce n'est pas possible. Mes pensées s'entrechoquent et, très vite, mon corps prend le relais. J'ai le sentiment qu'il se vide, comme si tous mes organes se dissociaient et que mon cerveau ne fonctionnait plus. Je tremble de froid et, en même temps, une bouffée de chaleur enflamme mon visage. Mes jambes ne me tiennent plus et mes bras sont inertes, mes mains lâchent le téléphone qu'elles tenaient serré depuis quelques minutes. Je dois à tout prix reprendre le contrôle, sinon je vais manquer l'appel qui doit m'apporter des nouvelles. Mais je n'y parviens pas. Je vacille et la vie bascule. Ma vie bascule. Notre vie s'en va. Je claque des dents, je tremble de froid, de peur, d'angoisse. Pourtant, je porte encore mon manteau que je n'ai même pas eu l'idée d'enlever. J'ai juste posé mon sac pour ne pas encombrer mes mains. En fait, je n'ai que des réactions physiques. Une seule question m'obsède : pourquoi Georges ne m'appelle-t-il pas ? Il devrait répondre à mon message et me confirmer le rendez-vous sur les quais. S'il est blessé, qu'on me le dise, vite.

Soudain la sonnerie du téléphone retentit. Où se trouve-t-il, ce maudit appareil ? Je tourne en rond dans la chambre. Je ne veux pas croire que je ne pourrai plus tenir Georges dans mes bras, que mon visage ne sentira plus sa caresse le matin, qu'il ne me laissera plus ses post-it amoureux. Non, ce n'est pas possible. Je finis par repérer l'appareil sur la table de chevet. Je décroche.

La voix d'une amie résonne : « Où est Georges ? Il t'a appelée ? » Je n'ai plus de mots pour répondre. Mon silence l'inquiète. « Il est… » « Non, non, je ne sais pas, je ne sais rien. » « Quelqu'un t'a prévenue de ce qui s'était passé ? Je veux dire quelqu'un d'officiel ? » « Personne. » « La police, le gouvernement ? Non ? Vraiment personne ? C'est hallucinant ! » Je préférerais qu'elle raccroche vite, mais elle poursuit : « J'ai entendu qu'il y avait des blessés. Espérons. » « Je suis obligée de te laisser. » « Oui, bien sûr, je te rappellerai, ne t'inquiète pas, ça va aller. »

Mes mains tremblent sur l'appareil, qui sonne à nouveau. Ma sœur veut savoir, je dois lui dire la vérité. Et je lui dis que je ne sais rien. Que l'attente me fait trop souffrir. C'est comme un incendie dans ma tête. « Ce n'est pas possible, dit-elle, au bout du fil. Pas possible, Georges… » Elle raccroche.

Je décide de ne plus répondre, sinon à Arnauld. Je m'assieds devant mon bureau, où sont empilés les feuillets d'un manuscrit que je ne terminerai pas. Je les regarde, je lis quelques lignes qui me paraissent désormais étrangères. Je ne sais plus ce que j'écrivais hier encore. Le passé s'efface sous cette attente interminable. Je m'efforce de retrouver ce que nous nous sommes dit, Georges et moi, la veille, avant que je parte à ma réunion. Sans doute avons-nous parlé de l'appartement que nous avions visité et qui nous plaisait tant, de notre déménagement et de notre nouvelle vie. Et, au moment où je m'apprêtais à partir, j'ai capté ce regard triste qu'il porte sur moi quand je dîne dehors sans lui. J'ai quitté l'appartement le cœur serré. À présent, je voudrais qu'il m'appelle, je voudrais entendre sa voix. Mes yeux se brouillent de larmes.

La troisième sonnerie est la bonne. C'est Arnauld. Il se trouve dans le théâtre avec les familles. J'écoute. La voix est ferme, le ton direct : « Georges a été assassiné. Il est mort. » « Non, non… Ce n'est pas possible. » « Si, c'est la vérité. Il est mort. Elsa vient vous rejoindre. » Puis il raccroche.

Ma gorge s'est serrée, comme si quelqu'un cherchait à m'étouffer. Je ne respire plus. Cette sensation d'étouffement me paralyse. Soudain, je prends conscience de ce que vient de m'apprendre Arnauld. Mais comment l'a-t-il su ? Qui le lui a dit ? Seuls les enquêteurs sont censés détenir ce genre d'informations. Comme ils sont censés informer les intéressés. Or, la police ne m'a pas contactée. Je n'ai reçu aucune information. Sont-ils tous morts à *Charlie Hebdo* ? Puisque personne n'a cherché à me joindre, c'est que tel n'est pas le cas. Le fait de ne pas avoir de confirmation officielle me plonge dans un véritable délire. Tant que je ne saurai rien de source officielle, je ne pourrai y croire. Georges, notre vie d'insouciance ne peut pas prendre fin comme ça. Nous avons encore tellement de choses à vivre ensemble.

Quand ma fille est arrivée, elle non plus n'a pas compris que cette terrible nouvelle ne nous ait pas été annoncée par les autorités. Nous avons attendu toute la journée, mais personne n'a appelé. Je suis restée assise sur un canapé du salon, les tremblements m'ont envahie, corps et âme. Pendant vingt-quatre heures, aucun calmant n'en est venu à bout, malgré le traitement prescrit par une amie médecin, appelée en urgence.

Peu à peu le salon de notre appartement s'est rempli

de monde : les filles de Georges avec leurs conjoints et leurs enfants, les amis proches, l'une de mes amies médecins, habillée de noir et qui m'a rappelé ma grand-mère, le visage à demi caché sous un voile noir, à son arrivée à Paris, après la mort de son mari en Algérie. Chacun s'asseyait près de moi et me parlait. Je n'entendais rien, sinon la voix de Georges : « Chérie, je vais à *Charlie.* » Cela faisait seulement quelques heures qu'il m'avait quittée. Impossible de croire à son assassinat. Pourquoi lui ? Autour de moi, certains pleuraient. Moi, je n'avais pas de larmes.

Ainsi, notre vie s'en est allée.

7

Dans ma nuit éclatée, j'entends les tirs de la Kalachnikov et je vois le regard de Georges me fixer à jamais, un regard amoureux, un regard de détresse. Cagoulé et masqué, vêtu de noir, le tueur est entraîné et serein, il braque son arme et tire sans hésitation et sans concession. La première balle perfore l'aorte et le cœur de mon amour, avant que son corps ne bascule. Les trois autres balles furent inutiles. Son corps, face contre terre. Tandis qu'un autre s'affale à son côté, un ami, un frère, et puis un autre et un autre encore. Dix tomberont sous les trente-quatre balles de Kalachnikov. Quatre seront blessés. La nuit est très noire, silencieuse, et je sais que je ne vais pas me rendormir. Les détonations vont revenir me hanter, me privant de sommeil. Et quand je m'assoupis enfin, un autre scénario déroule ses scènes de terreur.

Chaque nuit, je les vois, vers les 4 heures, provoquant

une crise de tremblements qui ne cessera qu'au lever du jour. Les deux terroristes font irruption sans mal, parce qu'il n'y a pas d'obstacles, ils hurlent, braquent leurs armes sur l'équipe de *Charlie Hebdo*, sidérée. Je cherche le regard de Georges que je ne parviens pas à capter. Comme si son regard avait disparu. Je m'interroge. Non, Georges n'a pas eu le temps d'avoir eu le moindre regard. La sidération l'a emporté. Je préfère qu'il soit tombé sans réfléchir. Sans souffrir. J'imagine : avec ses quatre ou cinq stents, pour cause d'artériosclérose, son cœur a dû lâcher. Un infarctus l'a emporté avant les balles des terroristes. Depuis le premier jour, je me raconte cette histoire d'infarctus. Elle m'apaise. Mais non, je ne retrouverai pas le sommeil. Les images, les cris, le sifflement des balles en rafales, la violence, les corps qui s'écroulent les uns sur les autres. Et du rouge, du rouge qui jaillit comme des étincelles dans mes yeux. Carnage. Brûlure de mes nuits impossibles. Pourquoi le mal ? D'où vient-il, sinon des hommes eux-mêmes, des fanatiques convaincus de détenir la vérité ? La bonne vie ne consiste-t-elle pas à se tenir sur le chemin de la vérité sans jamais prétendre la posséder ?

L'humour a tué. Quelques traits de crayon impertinents et la mort au bout du crayon, du feutre, de la plume. Il n'y aura plus que de l'intranquilité, parce qu'il n'y aura jamais de réponse. Des nuits sans sommeil, ou des nuits peuplées de cauchemars. Les frères Kouachi, dont je vois sans cesse les photos dans la presse, vision coup de poignard, escaladent la façade de mon immeuble, brisent les fenêtres et m'exécutent comme ils ont exécuté Georges et ses amis. Cet autre scénario s'est installé après avoir reçu une lettre de menaces. Des nuits toujours plus nourries d'interrogations. Des nuits où j'écris des lettres, dictées par la vengeance et le désespoir. Des lettres qui ne seront jamais envoyées. Le moindre mot dans un article, la moindre parole entendue à la radio, ou au cours d'une réunion de victimes, et je fulmine, m'emporte, laisse libre cours à ma colère. Aussitôt que le soleil passe l'horizon, où que je sois, la peur m'habite. Les yeux de Georges se sont fermés à jamais. J'ai perdu ma lumière, j'ai perdu ma confiance. Le jour se lèvera-t-il encore demain ? Il n'y a plus de route devant moi. Seulement une étendue de jours heureux ou moins heureux entre aujourd'hui et autrefois. La nuit comme le jour je dois soutenir un combat sans lui, sans l'homme qui portait ma vie.

Soit une scène de guerre au cours de laquelle Georges a été assassiné. Ces dernières années, des scènes de guerre il y en a eu partout dans le monde, sur tous les continents. Les fanatiques sont à l'œuvre. La télévision et certains journaux en font leur miel. Mais est-il possible qu'il s'en soit déroulé une dans les locaux d'un journal satirique, au deuxième étage d'un immeuble d'une rue paisible de Paris ? Le sommeil m'a définitivement quittée, le réveil me plonge dans l'horreur de la tuerie. « Tuerie » est le mot que les journalistes utilisent encore et encore. J'allume la radio, et j'entends : « La tuerie de *Charlie Hebdo.* » Ou bien : « La tuerie du 7 janvier. »

Le 7 de chaque mois, je tremble à l'idée d'entendre ces mots. Bien sûr, le 7 janvier 2015 est un jour qui sera marqué du sceau de la terreur dans l'histoire de la France. Pour moi, cette date restera celle de la mort de Georges sous l'effet du déchaînement de la plus terrible des violences. La cruauté de la séparation. Le basculement de la vie. L'inimaginable et l'épouvantable qui pénètrent en moi. Il y a aussi la peur de la peur de Georges. La peur de sa souffrance. Comme François Cavanna, il haïssait la mort. Il la craignait, la refusait. Je lui faisais remarquer alors qu'il manquait d'humilité. « Stop Crève », écrivait Cavanna. Il voulait croire à l'immortalité et demeurait persuadé qu'un jour ou l'autre des chercheurs découvriraient comment nous rendre immortels. Georges souriait à ces propos. Il ne désirait pas être éternel, mais il ne savait pas cohabiter avec l'idée de la mort.

Quai des Orfèvres, au troisième jour de l'attentat. Je gravis le grand escalier qui conduit au bureau du commandant chargé de l'affaire *Charlie Hebdo*. Des policiers, en nombre, femmes et hommes, montent et descendent, se croisent, dans une effervescence de crise. Des mots sont lancés : « Cette fois, on les a ! » On a qui ? Je ne peux pas comprendre puisque j'ignore tout ce qui s'est passé depuis ce mercredi 7 janvier, à 13 h 15. Mon cerveau s'est fixé sur le corps de Georges dont je ne retrouve pas la trace, malgré les nombreux appels à la cellule de crise dès le mercredi et le jeudi… Aucun responsable n'a pu répondre à ma question. Deux jours sans savoir où Georges reposait. De nuit comme de jour, je n'ai pensé qu'à son corps, à son visage, à ses yeux, à ses lèvres qui ne se poseront plus sur les miennes, à ce corps abandonné quelque part, transpercé de balles, autopsié, sans que je n'en sache rien. Cruauté du silence.

Je peine à gravir les marches, dans l'appréhension des détails qui vont m'être fournis et que je préférerais ne pas connaître. Une fois assise dans le bureau du commandant, j'apprends que deux balles ont transpercé le thorax de Georges. Sans doute le commandant n'a-t-il pas eu connaissance de la totalité du rapport d'autopsie, ou bien l'a-t-il confondu avec un autre dossier. Puisqu'il s'agit, en fait, je l'apprendrai plus tard par mon avocat, de quatre balles. La première a touché l'aorte. La mort a été immédiate.

À cet instant, j'ai imaginé deux trous dans sa poitrine.

Deux trous rouges comme ceux du *Dormeur du val*, enfoui dans ma mémoire depuis ma jeunesse. Les vers de Rimbaud ont jailli tandis que j'écoutais, hébétée, le commandant de police. Un jeune lieutenant tapait sur un vieil ordinateur mes réponses aux questions posées. Georges m'avait-il parlé de menaces qu'il aurait pu recevoir par courrier ? Craignait-il de se rendre sur son lieu de travail ?

Que pouvais-je bien répondre ? Que ces derniers temps, il m'était apparu soucieux, parfois angoissé ? Pressentait-il le danger ? M'avait-il caché, dans le seul but de me protéger, qu'il avait reçu des menaces ? Il ne m'avait jamais parlé de la fatwa contre Charb, et l'information m'avait bizarrement échappé, alors que je suis une lectrice assidue des journaux. Et puis nous discutions rarement de ce qui se passait à *Charlie Hebdo*. Je n'étais informée que des difficultés financières que traversait le journal. Était-ce cela qui l'inquiétait, ou bien un mauvais pressentiment qu'il avait du mal à dissimuler ? « Que se passe-t-il ? » lui avais-je demandé à plusieurs reprises, les dernières semaines avant l'attentat. « Je me fais du souci pour toi…, avait-il répondu. Quand je ne serai plus là… » « Mais pourquoi penser à la fin de ta vie ? Tu vas bien, tu as des projets qui te passionnent. Et la vie continuera tant que nous nous aimerons. » Il avait hoché la tête. « J'ai été trop insouciant, finalement, je t'aime mais je ne t'ai pas protégée comme je l'aurais voulu. J'y pense souvent. »

Le commandant de police poursuivait l'interrogatoire, quand Arnauld, le mari de ma fille, et une amie de cœur, elle aussi commandant de police, nous ont rejoints. Mon amie m'a serrée fort dans ses bras, provoquant un flot de larmes que je n'ai pu contenir. Après avoir salué les nouveaux arrivants, le commandant s'est levé de son siège et est sorti du bureau. Il est revenu quelques minutes plus tard, tenant à la main la sacoche de Georges que j'ai immédiatement reconnue. Je la lui avais offerte à Noël dernier. Il me l'a remise, froidement, car c'est son métier, puis sa montre, réparée depuis peu, sa chaînette en or que je lui avais achetée pour son anniversaire, et son agenda. Il avait été retrouvé et examiné, sans doute par les agents de la Brigade criminelle. Je l'ai ouvert au mercredi 7. La veille, Georges avait dessiné une croix sur le mardi 6, une habitude qu'il avait prise depuis quelques années. « Pourquoi fais-tu cela, lui avais-je demandé, comme si tu comptais les jours ? » Une étrange comptabilité dont je ne connaîtrai jamais la raison. Manquait le stylo assorti à l'agenda, que je lui avais offert pour nos noces d'argent, quelque vingt années auparavant. « Il n'y avait pas de stylo quand on a trouvé l'agenda », m'a répondu le commandant. Enfin, il m'a rendu son portefeuille, dans lequel il manquait les papiers d'identité. Je l'ai également fait remarquer. « Nous gardons les papiers d'identité », m'a expliqué le commandant. Il ne restait que sa carte de presse et des billets de banque. Arnauld m'avait déchargée de la sacoche.

Mon amie discutait avec le commandant des suites de l'attentat. J'ai serré dans mes mains ces objets comme des trésors retrouvés. Puis le commandant a ouvert un tiroir et en a tiré quelque chose que je n'ai pas aperçu tout de suite. Il est passé de l'autre côté de la table sur laquelle s'amoncelaient des dossiers, s'est approché de moi et m'a tendu l'alliance de Georges. Mes larmes contenues depuis quelques instants, je n'ai pas pu les retenir. Cette alliance, il ne l'avait jamais quittée depuis le 3 juillet 1971, jour de notre mariage à Canapville, ce village de Normandie où nous avions réquisitionné deux témoins. Le maire était arrivé avec une bonne heure de retard. Sa 4 CV était tombée en panne. Georges aimait à me rappeler qu'il n'avait jamais enlevé son alliance et qu'il en était fier, moi qui en avais déjà perdu deux, ne supportant aucun bijou aux doigts pour travailler. « Une alliance, ce n'est pas un bijou. » Je l'entends prononcer ces mots de tendre reproche.

Deux trous rouges alors qu'il avait encore son crayon à la main.

8

L'onde de choc a atteint le monde entier. Les journalistes appellent d'Angleterre, des États-Unis, d'Allemagne, de Norvège, d'Italie, bien sûr, où Georges comptait de grands dessinateurs parmi ses amis. Un jour, seule dans un studio, je révèle à la journaliste de la BBC qui m'interviewe depuis Londres l'existence des post-it qui couvrent désormais les murs de l'appartement. Georges me les déposait sur le guéridon de l'entrée lorsque nous ne sortions pas ensemble, et notamment le mardi soir, où je m'absentais régulièrement. « Mais que pouvait-il bien vous écrire ? » a demandé la jeune femme. « Des mots simples, mais des mots d'amour. » J'avais pris l'habitude de les ranger dans le tiroir de mon bureau, puis un jour, j'en ai affiché quelques-uns sur le mur du couloir qui conduit à la cuisine. Quand mes amies venaient, je faisais des envieuses. Elles n'avaient jamais eu ce genre d'attention de la part de leurs maris ou compagnons. Après l'attentat, j'ai couvert les murs de l'appartement avec les post-it roses, jaunes ou blancs. Chaque jour, je m'arrête devant l'un d'entre eux et le relis. Je finis par connaître les textes par cœur, je me les récite. Je vois la main de Georges les écrire. Cette main qui était son outil de travail et qui a été effleurée par une balle perdue.

Le lendemain de l'émission de la BBC, la journaliste me rappelle. Touchés par ce qu'ils ont entendu, les auditeurs veulent voir les post-it sur le Net. J'accepte qu'un photographe vienne les immortaliser. Aussitôt qu'ils apparaîtront sur le site de la BCC, ils seront repris dans tous les médias. Ils finiront par faire le tour du monde.

Au-delà de l'émotion et de la sidération de tout un peuple, l'onde de choc a déclenché l'élan fraternel du 11 janvier. Fraternel, un mot désuet que l'attentat du 7 janvier a remis à la mode. Après ce que Pierre Nora, dans *Le Débat*, qualifiera d'« événement monstre », la France, soudée face aux terroristes, s'est donc mobilisée. Mais quelle France ? Les points de vue divergent.

L'essentiel, à mes yeux, aura été le nombre : quatre millions de personnes dans les rues du pays tout entier, défilant en rangs serrés, chantant *La Marseillaise*, plébiscitant au passage les policiers. Un vrai rassemblement comme on n'en avait plus vu depuis longtemps. Certains l'ont comparé aux obsèques de Victor Hugo, en 1885, qui mobilisèrent un million de personnes en une grande communion républicaine.

Mais l'onde de choc a dépassé les frontières de la France pour se faire manifestation planétaire, du Japon à l'Afrique, en passant par les États-Unis. Une gigantesque manifestation en faveur de la liberté d'expression, certes, mais aussi une réaction à ce climat de guerre instauré par les fondamentalistes musulmans. Un climat dont s'inquiétait le pape François, en visite à Sarajevo, au cours du mois de juin 2015. Il y parla d'une « troisième guerre mondiale » qui se déroulait par bribes et il encourageait le dialogue entre les cultures et les religions. « Sans quoi, ajoutait-il, la barbarie et les hurlements fanatiques de haine l'emporteront. » Et Pierre Nora, dans *Le Débat*, d'expliquer que, dans cet élan mondial, c'est bien la France qui aura été plébiscitée, « la France de la raison, des lettres, des lumières, contre un obscurantisme mortifère qui se réclamait d'Allah ».

Bien que sollicitée de toutes parts, je n'ai pas participé à cet élan. Les « Charlie » ont défilé, la tête ceinte d'un bandeau sur lequel était inscrit le nom du journal. Un état de sidération s'était emparé de moi et me rendait inapte à toute communion, à toute communication. Tout juste si je supportais, dans mon appartement, les amis qui cherchaient à m'entourer et à me distraire, dans le bon sens du mot, de cette tragédie qui venait de frapper ma vie. Leurs rires et leurs bavardages m'insupportaient. J'avais le sentiment qu'ils me volaient mon deuil, me détournaient de mon chagrin. Au contraire, je souhaitais m'y enfermer parce qu'il me donnait l'illusion d'être encore un peu avec Georges, de prolonger ma vie avec lui.

Pourtant, quand plusieurs d'entre eux sont revenus du rassemblement, au soir du 11 janvier, je les ai interrogés. Qui avait défilé ? Et les jeunes ? Des moins jeunes aussi ? Des laïques ? Des cathos ? Des musulmans ? « Il ne devait pas y avoir beaucoup de musulmans, m'a répondu un proche, en tout cas, je n'ai pas vu de manifestants d'origine maghrébine, musulmans ou pas. »

Les « Charlie » survivants, bien que cassés physiquement et psychologiquement, se sont remis au travail. L'humour, la satire, voire le blasphème, se devaient de l'emporter sur la barbarie. N'oublions jamais que depuis Rabelais, en passant par Voltaire, la France est le pays de l'impertinence. À la sortie du premier numéro, celui dit « des survivants », là encore, les Français se sont montrés solidaires. Nombre d'entre eux ignoraient tout du journal satirique ; d'autres n'appréciaient pas le genre d'humour qu'on y affichait, voire l'humour tout court, le pourfendaient même à l'occasion, et pourtant, par solidarité, des millions d'entre eux sont allés réserver leur exemplaire au kiosque du coin. Les premiers mercredis suivant l'attentat, des files d'attente se sont formées. Pour qui ? Pour quoi ? Parmi les victimes des frères Kouachi, il y avait des humoristes familiers des Français, comme Cabu ou Georges. Et ces Français-là se sont identifiés à ces hommes qui, dans bien des cas, leur avaient appris à voir la vie sous un autre angle. Comme Georges m'avait convertie au rire, au sarcasme, à l'humour : grâce à lui, je suis devenue pleinement moi-même, j'ai appris la tolérance et la liberté.

9

Charlie Hebdo, qui se mourait avant l'attentat avec ses douze mille abonnés et quelque quarante mille ventes mensuelles, atteignit bientôt des chiffres de vente astronomiques. Comment oublier que, si l'attentat n'avait pas eu lieu, journalistes et dessinateurs seraient sans doute aujourd'hui au chômage ? La vente de sept millions d'exemplaires du fameux numéro « des survivants » a rapporté quelque dix millions d'euros.

« Un cauchemar, ces millions ! » s'est exclamé le chroniqueur Patrick Pelloux. Prendre les rênes du journal est tout de même devenu un projet intéressant. Mais qui allait s'en charger ? Charb n'avait pas d'héritier à la rédaction, seulement un compère : Riss. Le débat sur l'avenir du journal ne s'est pas arrêté à cette question. Si les jours suivant l'attentat, les survivants ne se sont pas beaucoup manifestés, le flot de millions gagnés grâce aux belles ventes de l'après-attentat en a crispé plus d'un. Les tensions se sont alors multipliées entre les actionnaires, soit deux personnes, et quelques-uns de leurs proches, d'un côté, et la rédaction, soucieuse de créer un collectif mieux informé et associé aux décisions, de l'autre. Dommage tout de même qu'après l'élan de solidarité suscité par l'attentat, le journal étant devenu un symbole de la liberté d'expression, la gestion du capital ait généré autant de conflits portés devant la presse et, finalement, le monde entier. Enfin, à l'été, une solution d'entente a été trouvée sous l'arbitrage du ministère de la Culture. *Charlie Hebdo* est devenu le premier journal à adopter le statut d'entreprise solidaire de presse. Ce statut original, créé par une loi du 17 avril 2015, impose de réinvestir dans l'entreprise au moins 70 % des bénéfices annuels. Les deux actionnaires ont également décidé de bloquer les 30 % restants, en renonçant à toucher des dividendes. Enfin, s'il était décidé d'ouvrir l'actionnariat, seuls les collaborateurs de *Charlie Hebdo* pourraient en bénéficier. C'est ce qui a été annoncé par Riss. Affaire à suivre. Et Riss d'ajouter dans une interview au *Monde* : « Quand nous vendions moins, nous étions plus tranquilles. Maintenant tout le monde nous regarde, tant de gens attendent de nous un rôle, et tout peut toujours se reproduire… » Quoi, précisément ? Un nouveau conflit ? Pour l'éviter, que le journal demeure vraiment le symbole de la liberté d'expression ! Quand le film de Denis Robert, consacré à François Cavanna, un film émouvant sur l'histoire du journal, est sorti sur les écrans, un journaliste a proposé de lui consacrer un article, ce qui lui a été refusé par la direction. De Cavanna, qui s'était estimé spolié, le titre *Charlie Hebdo* lui appartenant, il ne serait plus question dans les pages de *Charlie*. Ce ne serait pas digne de son histoire.

Parallèlement aux recettes mirobolantes, les dons se sont multipliés. Ainsi Google a versé 250 000 euros, l'association Presse et Pluralisme a débloqué 200 000 euros et, par l'intermédiaire de la plate-forme « J'aidecharlie.fr », plus de 200 000 particuliers ont versé au total plus d'un million d'euros. D'autres dons ont suivi, et c'est aujourd'hui une cagnotte de plus de quatre millions d'euros qui a ainsi été constituée. Dès le mois de février, les administratifs de la rédaction, ainsi que Patrick Pelloux, se sont répandus sur les antennes pour expliquer que les dons seraient reversés aux familles des victimes dans les plus brefs délais.

Et, de fait, un mois exactement après l'attentat, le 7 février, les avocats de *Charlie Hebdo* invitaient les familles en question à une réunion. L'intention était généreuse, l'objectif étant de nous aider à « faire notre deuil ».

Nous étions très nombreux à participer à cette réunion, les « Charlie » ayant décidé d'inclure les familles de victimes de l'Hypercasher, ainsi que celles des deux policiers assassinés. J'écoutai l'un des avocats de *Charlie* commenter à notre intention les très bons chiffres de vente du journal et nous donner des nouvelles des dessinateurs et journalistes, présents ou absents lors de l'attentat, traumatisés, dissociés, psychanalysés, tout en essayant d'imaginer ce que Georges aurait pensé de tout cela.

Il se serait sans doute contenté d'une expression d'ironie retenue. Surtout quand il aurait appris que le journal, logé dans les locaux de *Libération*, venait de s'offrir une directrice de la communication, star des stars de la « com », celle qui avait sorti Dominique Strauss-Kahn du mauvais pas que l'on sait. « Pourquoi l'avoir embauchée ? » ai-je demandé, sous l'effet de l'étonnement. Elle n'était ni le genre de Cavanna, ni celui de Cabu, ni celui de Georges. Que venait-elle faire dans l'univers anar de *Charlie Hebdo* ? Elle avait été appelée en renfort, m'a-t-on répondu, afin de gérer le trop grand nombre de demandes d'interviews. En fait, elle était arrivée à *Charlie* par le biais de l'un des conseils de Dominique Strauss-Kahn, Richard Malka, lui-même avocat de *Charlie Hebdo*. Était-ce le prélude à la mise en place d'une nouvelle équipe, appelée à prendre les rênes d'un journal en plein essor ? La rumeur en courut, mais chacun sait qu'il ne faut jamais se fier aux rumeurs.

Après un point sur les ventes du journal, l'un des avocats nous a présenté le « pool de confrères » dont nous allions avoir besoin, tant pour nous aider à faire face aux procédures requises par l'indemnisation que devait nous verser le Fonds de garantie, soit pour obtenir le versement des droits d'auteur, soit pour le cas où nous nous déciderions à nous porter partie civile. Leurs émoluments seraient pris en charge par le journal, nous dit-on. J'ai apprécié la générosité qui avait présidé à cette décision. En effet, le montage du dossier d'indemnisation requérait d'être parfaitement renseigné et construit dans les formes, avant d'être instruit par le Fonds de garantie, un organisme composé d'experts et de juristes, ainsi que d'administrateurs nommés par le gouvernement. Puis l'avocat a abordé le sujet des dons aux familles. Comment organiser la répartition ? Les bénéficiaires seraient-ils uniquement les familles des victimes du journal, inclurait-on aussi celles des victimes de l'hypermarché casher et des policiers ? L'avocat conclut qu'ils allaient réfléchir.

La réunion s'est poursuivie. Une psychiatre, experte judiciaire, nous a expliqué qu'elle se tenait à notre disposition. « Faire son deuil » n'était pas chose facile, surtout après un attentat, expliqua-t-elle. Les conséquences de la tragédie que nous venions de vivre menaçaient de laisser des séquelles qu'il valait mieux traiter tout de suite. En tout état de cause, au dossier destiné au Fonds de garantie, nous devions joindre un bilan de notre « état psychique », une sorte de test d'évaluation de notre souffrance. Cette experte judiciaire, jeune et charmante, donnait envie d'aller la consulter – et même de se prêter à ce test que, pour ma part, je trouvais franchement choquant. Mais d'emblée, elle nous avertit qu'elle confierait nos dossiers à des confrères.

Après la réunion, j'avais rendez-vous avec une amie pour déjeuner. Durant le temps que nous avons passé ensemble, nous nous sommes interrogées sur les moyens de quantifier la souffrance. Plus tard, j'ai posé la question à une autre amie, psychanalyste réputée, qui m'a appris que ce test avait été conçu après les attentats du 11 septembre 2001, aux États-Unis, et que la France s'en était emparée pour évaluer les préjudices moraux consécutifs aux catastrophes et aux attentats. Ce n'était sans doute pas le meilleur emprunt que la France pouvait faire aux États-Unis, et mon amie psychanalyste a été, pour tout dire, particulièrement choquée que j'aie à subir ce genre d'épreuves.

« Faire son deuil ». Voilà bien une expression que Georges ne supportait pas. Il affirmait que cela ne voulait rien dire. Souvent, nous en discutions sans être vraiment d'accord. Georges récusait tout travail psychiatrique ou psychologique. Que craignait-il ? De descendre en lui-même, dans ce temple intérieur où l'on découvre la vérité sur soi et tous les petits arrangements que l'on passe avec soi-même ? L'expression nous vient du XIXe siècle, et le mot « deuil » est d'origine latine : *dolus*, la douleur.

Le 7 janvier dernier et les jours qui ont suivi, je n'étais en effet que douleur et désespérance. Puis la douleur a fait place à une sorte de déni. J'affirmais à tort et à travers que, désormais, je vivais comme si Georges était parti en voyage. J'ajoutais, à voix basse, comme pour mieux me convaincre moi-même : « Seulement, Georges ne reviendra pas. » Mais je le disais sans vouloir vraiment y croire. Dans sa chambre, je refaisais son lit, rangeais les livres qui jonchaient le sol, dans la penderie je veillais sur les piles de chemises et de pull-overs. Je suspendais les cravates qu'il n'avait jamais portées, à l'exception de celle qu'il avait achetée dans un musée de Washington, et qui était décorée de livres. Il la mettait souvent à l'occasion de l'inauguration du Salon du livre. Je passais du temps au milieu de son univers. Je m'installais dans son bureau et je regardais chaque objet qui encombrait la table. Je mettais de l'ordre. Je me comportais comme lorsqu'il s'absentait pour quelques jours, imaginant son retour. Trois mois après l'attentat, j'avais encore le sentiment que je ne sortirais jamais de ce faux-semblant.

La première fois que j'ai dû me rendre au supermarché pour me réapprovisionner, je suis restée dix bonnes minutes à l'entrée du magasin sans savoir ce que je devais acheter. À ce moment, j'ai pris conscience que, jusqu'au 7 janvier, la liste des courses se composait de ce que Georges appréciait. J'organisais les repas en fonction de ses goûts. Et mes goûts à moi ? Quoi qu'il en fût, je n'avais envie de rien, je me promenais entre les rayons, prise d'un fond de nausée. Je revoyais Georges revenant de chez le primeur avec des cèpes ou des petits artichauts, puis prendre ses quartiers à la cuisine pour préparer un succulent ragoût d'artichauts ou, en saison, une poêlée de cèpes divine. Désormais, faire les courses était devenu une corvée que j'évitais le plus possible.

Procrastiner est pour moi le mot le plus terrible de la langue française. Aussi, le jour où j'ai pris conscience d'une certaine procrastination de ma part, me lovant dans les replis d'un passé qui me rendait languissante et me conduisait à l'engourdissement et à l'enfermement, je me suis rebellée contre moi-même. Je ne tenais donc pas les belles promesses des premiers jours, lorsque j'avais juré que les larmes ne couleraient pas de mes yeux, qu'elles seraient asséchées par l'action. Il était plus que temps de réagir, d'affronter la bureaucratie de l'administration, de mettre de l'ordre dans une succession rendue délicate en raison de ces milliers de dessins et de centaines de publications, faire de tout ce travail accompli par Georges durant plus de cinquante ans une œuvre respectée et accessible au plus grand nombre.

Un jour de printemps, sous le soleil et face aux montagnes encore enneigées de Briançon, je me suis retrouvée derrière une tribune, érigée dans la cour du lycée où Georges avait fait quelques études, et où lui était rendu un bel hommage. Improvisant un discours sur ce petit jeune homme tunisien abandonné à lui-même et qui avait débarqué, tout émerveillé, au beau milieu de ces paysages de neige du Briançonnais, j'ai dit combien sa vitalité, celle de son esprit, celle de ses très perceptibles blessures toujours ouvertes, avait fixé l'entente sentimentale et intellectuelle de notre couple. Cette affirmation a refait de moi celle que j'avais été avant l'attentat du 7 janvier, celle aussi qui devait renaître. Mon chagrin demeurerait infini, il ferait désormais partie de moi, mais ne m'empêcherait pas de vivre.

10

Le déni a ainsi fait place à la colère et à la révolte. J'avais appris à connaître un nouveau pays, celui du malheur et de la solitude, je devais comprendre pourquoi et y puiser de l'énergie pour m'en évader.

Le jour, je m'appliquais à *comprendre*, et dans le détail, interrogeant la police, l'Intérieur, les « impliqués », les administratifs, fouillant les dossiers, relisant les articles, visionnant des vidéos, écoutant et réécoutant des directs, tout ce qui aurait pu permettre que l'attentat ne se produise jamais. Que le bonheur simple au côté de Georges demeure, que nos amours, nos projets, nos échanges, nos désirs et leur réalisation demeurent, jusqu'à ce que la vie en décide autrement.

Plus que jamais menacé, comme l'a révélé Angélique, la standardiste du journal, qui prenait les appels et entendait les injures, *Charlie Hebdo* n'était pourtant pas protégé.

Comme Thomas, le comédien, l'a signalé, dès le mois de novembre 2014 la fourgonnette avait disparu. Charb n'avait plus que deux gardes du corps, au lieu des trois d'origine. Pourquoi ? Et puis j'ai commencé à m'interroger : comment cet attentat avait-il pu avoir lieu en plein Paris, dans les locaux d'un journal satirique qui, chaque jour, recevait autant de menaces ? Angélique s'était exprimée devant les caméras de l'agence Premières Lignes, expliquant que des voix masculines lui signifiaient qu'on finirait bien par lui couper la tête un jour ou l'autre. Pourtant, aucune mesure supplémentaire ne semble avoir été prise pour protéger Angélique et les autres – administratifs, journalistes et dessinateurs. Et parmi eux, Georges. Quatre ans auparavant, une bombe avait endommagé les locaux du journal. Nul ne pouvait ignorer que le journal courait un vrai danger. Qui avait donc pris la décision d'alléger le dispositif de protection, et pourquoi ?

Je passais des nuits entières à me poser la question. Quand je finissais par m'endormir, les cauchemars revenaient et m'emportaient dans des ténèbres d'où j'avais l'impression que je ne sortirais jamais. Je me réveillais en sursaut, pensant que je devais absolument en parler à Georges.

Ces derniers mois, nous n'avions jamais parlé des menaces dirigées contre *Charlie Hebdo*.

« Chérie, je vais à *Charlie*. » Désormais je devais

comprendre toute seule pourquoi, quelques jours après qu'il m'eut adressé ces mots, je m'étais retrouvée à l'Institut médico-légal pour reconnaître son corps. Entre ces murs où une psychologue vous accueille avec le sourire, j'ai patienté le temps de la préparation de la dépouille. La nuit précédant ce rendez-vous, j'avais imaginé que, comme dans les films, l'on ouvrirait à mon intention un tiroir dans lequel se trouverait mon mari. Je m'étais réveillée dans un tel effroi que je n'étais plus du tout décidée à m'y rendre.

La psychologue m'accompagna d'abord derrière une vitre. De l'autre côté, Georges reposait sur un socle assez haut. Un grand drap blanc recouvrait son corps. Seul son visage était visible. Je n'ai pas pensé une seconde à ce qu'il y avait sous le drap : un corps transpercé de part en part par les balles de la Kalachnikov. Simplement, j'ai regretté de ne pas voir ses mains, de ne pas pouvoir les prendre dans les miennes. Je l'ai trouvé beau, le teint frais, j'ai reconnu l'ironie de son sourire. Pas une seconde non plus je n'ai imaginé qu'il avait pu être maquillé pour faire disparaître les contusions : comme les autres dessinateurs, il était tombé face contre terre. Une fois auprès de lui, j'ai caressé son visage puis ses lèvres, que j'ai embrassées. Il avait rajeuni de vingt ans. Je n'avais plus envie de le quitter. Auprès de lui, je me sentais apaisée.

À mon arrivée, la psychologue avait affirmé qu'elle

avait rarement vu un mort avec un visage aussi serein. « Je ne connaissais pas M. Wolinski, avait-elle ajouté, parce que je ne lis pas les journaux et que je ne regarde pas la télévision, mais quand je l'ai vu, j'ai été étonnée de la tranquillité qui se lisait sur ses traits. » En écoutant cette personne, tout en douceur et compassion, j'ai imaginé qu'il n'avait pas dû souffrir. Qu'il était tombé sous les balles sans vraiment comprendre ce qui lui arrivait. C'était tout à fait son style, d'ailleurs.

Je continuais à lui caresser la joue et à l'embrasser, comme s'il avait été en train de faire la sieste sur le canapé du salon. Aussitôt qu'il avait terminé son dessin, il s'allongeait volontiers, *Le Monde* entre les mains, et s'endormait. Non que la lecture du *Monde* l'ennuyât, mais dès qu'il fermait les yeux, il entrait dans le sommeil. Chance ou malchance ? Il passait de nombreuses heures à dormir pour, disait-il, se régénérer, avoir plusieurs journées en une seule. Et plusieurs vies dans sa vie. L'idée me vint de le prendre en photo pour garder à jamais cette image finale. La psychologue me le déconseilla. Dans l'émotion, je n'ai pas eu la présence d'esprit de lui en demander la raison. Aujourd'hui, je le regrette. Peut-être que cette image m'aurait fait gagner du temps.

La jeune femme me fit bientôt comprendre que nous devions quitter la salle. D'autres familles de victimes de l'attentat attendaient dehors. J'ai regardé Georges une dernière fois. Ce n'était plus le Georges que j'avais embrassé, c'était le corps de Georges.

La même idée m'est venue le matin de la mise en bière. À nouveau, je l'ai embrassé en pleine conscience que ces lèvres n'étaient pas celles du Georges qui m'avait épousée quarante-sept ans auparavant à la mairie de Canapville, en Normandie, et ensuite, m'avait entraînée dans un champ où nous avions fait l'amour tout l'après-midi avant de nous endormir sous la lumière des étoiles. On ne pouvait rêver plus belle nuit de noces. Il me l'avait offerte. Ensuite, le gauchiste qu'il était m'avait emmenée dans un long périple à travers les pays de l'Est. Nous rencontrions des dessinateurs amers qui enviaient sa grande liberté. Il me présentait à eux comme sa « petite jeune fille blonde ».

Longtemps il a cherché à ce que je demeure cette femme innocente qui, comme une poupée, acquiesçait à ses moindres désirs. Mais sous la poupée couvait une féministe, rebelle de nature. Plus tard, lorsque nous aurions la nostalgie de notre jeunesse, il reviendrait à la petite jeune fille blonde rencontrée dans la salle de rédaction du *Journal du dimanche* et me dirait ses regrets d'un temps où il pouvait « jouer » avec moi. Sous le gauchiste féministe couvait un éternel phallocrate.

Mais le 7 janvier, la petite jeune fille blonde a disparu sous les décombres de l'attentat.

11

Chaque matin, les réveils sont difficiles. J'ai le sentiment d'être un soldat qui doit se hâter pour être au rendez-vous du prochain combat. Lequel ? Je ne sais jamais. Mais, quasiment au quotidien, une occasion se présente. Et le soldat se doit de répondre au devoir qui l'appelle et de recouvrer toute son énergie pour agir.

Mais de l'énergie, je n'en ai pas vraiment. Et puis, à force, je finis par les inventer, mes combats. Je prends rendez-vous sur rendez-vous pour meubler le désert prévisible de mes journées. Je passe plus de temps au téléphone que de raison. J'allume la radio très fort parce que je veux qu'on me parle. J'écoute Annie Ernaux puis, plus tard, Simone de Beauvoir. J'ai l'impression qu'elles me parlent à moi et non au journaliste qui les interroge. Le soir, je me laisse inviter pour éviter la tombée de la nuit, seule face à une assiette que je ne parviendrai pas à terminer. Puis vient l'heure de se coucher, moment décisif. J'augmente le Lexomil pour tenter d'échapper aux cauchemars. Quand ils me réveillent malgré tout, en sursaut, j'occupe mes nuits blanches à trier les milliers de photos de Georges. J'ai l'impression d'être plongée dans une guerre qui est devenue intérieure. L'objectif des terroristes qui ont assassiné Georges et ses camarades était de semer la terreur. Je voudrais contribuer à lutter contre elle, mais elle demeure en moi, enracinée. L'enjeu est bien là : se débarrasser de la terreur. Alors je reprends ma quête, cherche à comprendre, à expliquer. Y a-t-il quelque part, un coupable ? J'interroge, j'écoute, je lis.

Autrefois, Georges ironisait, me disant : « Tu cherches toujours un coupable à tout. » Il avait raison. Mais la « bonne conscience » généralisée qui a suivi l'attentat ne me satisfait pas. Où trouver des réponses à mes questions ? Du côté de la police ? À *Charlie Hebdo* ? Et qu'est-ce qui me permettra de me reconstruire, moi ? En assassinant Georges, les terroristes m'ont arraché une partie de moi-même. Avant de pouvoir reconstruire ma vie, il faudrait que je me réapproprie cette partie de moi-même.

Alors, la police ?

En avril 2013, deux ans après l'incendie des locaux de *Charlie Hebdo*, le syndicat Alliance Police nationale, majoritaire, avait déjà fait pression sur le gouvernement pour alléger la surveillance de *Charlie Hebdo*. Comment pouvait-on consacrer tant de moyens à la surveillance d'un journal qui « crachait » sur tout un chacun, à commencer par les policiers ? Les adhérents du syndicat avaient distribué des tracts révélant que le 4 avril, à l'occasion d'une audience auprès du directeur de la Direction de l'ordre public et de la circulation, la DOPC, les représentants du syndicat avaient « exigé l'arrêt immédiat de la mission "*Charlie Hebdo*". Depuis plus de sept mois, se plaignaient-ils, les compagnies d'intervention fournissent jusqu'à neuf collègues par jour pour la protection des locaux privés d'un journal ». Pour le syndicat, les policiers ne sont pas des « agents de sécurité ». Ils doivent avant tout assurer des missions d'État. Sur ce même tract, on lisait encore : « La DOPC est-elle si riche en effectifs pour se payer ce luxe ? » Quoi qu'il en soit, les effectifs étaient en nombre nettement insuffisants compte tenu de la situation.

Pour Alliance, surveiller *Charlie Hebdo*, dont les locaux venaient d'être dévastés par une bombe incendiaire, et qui ne cessait de recevoir des menaces, c'était donc « un luxe » en cette période de pénurie de policiers sur le terrain. À force de pressions, les autorités ont-elles fini par céder ? Pourtant, en juillet 2014, le président de la Commission des lois, Jean-Jacques Urvoas, faisait remarquer, devant l'Assemblée nationale, que les spécialistes de l'antiterrorisme alertaient périodiquement sur une menace imminente. Le 1er octobre 2014, alors que *Charlie Hebdo* est installé dans ses nouveaux locaux de la rue Nicolas-Appert, après la diffusion d'un numéro représentant une fois de plus en couverture le prophète Mahomet dans une posture caricaturale, le directeur de cabinet du préfet de police, Laurent Nuñez, réactive la protection « statique » : un fourgon et des policiers qui se relaieront devant la porte principale des locaux. Il s'en expliquera d'ailleurs, quelque temps plus tard, dans *Le Monde* : « Le dessinateur Charb nous appelait quand il sortait un numéro à risque et nous réactivions une garde statique. »

Mais, sous la pression syndicale, cette protection était régulièrement levée quelques jours plus tard et remplacée par une surveillance dite « dynamique », à savoir des patrouilles qui circulaient devant les locaux à peu près toutes les demi-heures. Pourtant, selon des sources policières, les menaces contre Charb ne cessaient de s'intensifier, comme l'a confirmé la standardiste du journal, et contrairement à ce qu'affirmerait de son côté l'un des collaborateurs du journal, Gérard Biard, qui déclarait au moment de l'attentat que « les menaces étaient ressenties moins fortes ».

Il faut croire que Gérard Biard et Angélique ne se

parlaient pas, ou alors les collaborateurs du journal préféraient s'aveugler. « Nous ne voulions pas vivre dans un bunker », a ainsi affirmé Patrick Pelloux, après l'attentat. Seulement, maintenant que dix de leurs camarades ont été assassinés, ils sont bien contraints de travailler dans un lieu hypersécurisé avec, pour certains, une protection policière vingt-quatre heures sur vingt-quatre.

Des mesures qui arrivent trop tard. D'autant que le directeur de l'Unité de coordination antiterroriste, Loïc Garnier, s'exprimant en septembre 2014, soit trois mois avant l'attentat, déclarait, comme Jean-Jacques Urvoas à l'Assemblée, que « la question n'était plus de savoir s'il y aurait un attentat en France, mais quand ». De son côté, Franck Brinsolaro, l'« épaule » de Charb, pourtant rompu aux situations à risques et qui avait servi dans de nombreuses missions particulièrement périlleuses, notamment en Afghanistan, avait confié à sa femme « qu'il sentait venir la catastrophe ». Il y avait donc vraiment péril en la demeure.

On ne peut imaginer que Franck Brinsolaro n'avait pas fait part de ses craintes à sa hiérarchie. Seulement, depuis quelque temps, au Service de la protection (SDLP) dont il dépendait, régnait une ambiance délétère. Courant 2014, la presse s'en était d'ailleurs fait l'écho, après le suicide de deux policiers, dont celui qui avait assuré la sécurité de Bernadette Chirac. Un mécontentement certain gagnait en effet les policiers du SDLP, dont la charge de travail était de plus en plus lourde. Selon les responsables syndicaux, l'accroissement de celle-ci était dû à un nombre toujours plus important de protections qu'ils taxaient de « protections de complaisance », décidées souvent sans avoir reçu l'accord préalable de l'Unité de coordination antiterroriste, comme le prévoit la procédure. De telles façons de procéder avaient été dénoncées dans la presse. On se souvient de ce prince saoudien qui avait demandé, et obtenu, une protection pour faire son shopping sur la Côte d'Azur…

C'est ainsi que le fourgon de surveillance avait disparu devant l'immeuble du 10, rue Nicolas-Appert, ouvrant une fenêtre de tir exceptionnelle aux terroristes. Selon une source policière, le ministère de l'Intérieur, interrogé, aurait répliqué qu'une surveillance de ce type aurait fait des morts en plus. Pourquoi ? En raison du manque de formation des policiers, en dehors de ceux du RAID, du GIGN, voire de la BRI. Tous l'affirment et s'en plaignent. Ils se sentent impuissants face aux terroristes et à leurs armes lourdes. Armés de leur SIG Sauer semi-automatique, ils estiment ne pas faire le poids face aux Kalachnikov utilisés par les djihadistes. Et ceux-ci, on l'a bien vu au cours de l'attentat du 7 janvier, agissent avec le plus grand sang-froid, parce qu'ils ont été parfaitement entraînés durant des mois – au Yémen ou ailleurs.

Sur une année, trois jours de la vie professionnelle d'un policier français sont consacrés à l'entraînement. Pas suffisant pour faire d'eux des tireurs d'élite, des combattants à la hauteur du défi lancé par les djihadistes. Autre problème de taille : le port du gilet pare-balles. Le plus efficace d'entre eux pèse dix kilos ! Nombre de policiers portent donc un gilet plus léger… qui ne sert strictement à rien face à des tirs de Kalachnikov. Et c'est pourtant celui-là même que portaient les vététistes qui, en premier, ont pris l'appel radio signalant des tirs dans l'immeuble de *Charlie Hebdo* (même s'ils ignoraient alors, je le rappelle, la présence de *Charlie Hebdo* dans le secteur). Les Kouachi, eux, comme on a pu l'observer sur les images vidéo, portaient des gilets plus lourds.

Quant aux véhicules, nombreux sont ceux qui ne sont pas adaptés. Il a été dit que, au cours de l'année 2015, quatre mille d'entre eux seraient renouvelés. Selon des sources policières, plus de dix mille devraient être envoyés à la casse. Dans son dernier tract, le syndicat Alliance titrait : « Police égale chef-d'œuvre en péril ! » Dans un dessin d'illustration, on voyait un policier français effondré face à un djihadiste cagoulé et masqué, brandissant une Kalachnikov.

Quelle conclusion tirer de tout cela ? Aujourd'hui, malgré les menaces, les policiers français de base, qui ne relèvent ni du GIGN, ni du RAID, ni de la BRI, ne sont pas en état de répondre à la menace terroriste. Ils en sont tous conscients. À force de questions, j'ai compris que l'on ne déplaçait pas le GIGN, le RAID ou la BRI sur de simples appels téléphoniques. Leurs hommes sont en revanche intervenus deux jours après l'attentat, à l'imprimerie de Dammartin-en-Goële où s'étaient réfugiés les frères criminels.

Dans la foulée de la tuerie de *Charlie Hebdo* et de celle de l'Hypercasher, un déploiement de dix mille soldats a été décidé. Dix mille hommes, un effectif inédit depuis la guerre d'Algérie. Par ailleurs, le Secrétariat général pour la défense et la sécurité nationale (SGDSN) a convaincu le président de la République de sauver, selon *Le Monde*, 18 750 emplois sur les 34 000 qui devaient être supprimés. D'autre part, des discussions sont en cours pour mettre en place un système de complémentarité entre les forces armées, la police et la gendarmerie. La lutte antiterroriste commencerait-elle à s'organiser ?

12

La première fois que j'ai songé à la disparition de Georges, c'était bien avant les années 2000. Nous étions en vacances en Corse, cette île où Georges avait exprimé, un jour, le vœu d'être enterré, face à la mer. Nous passions notre temps à nager ensemble dans les eaux transparentes et vertes de la Méditerranée. Les premiers jours, il nageait vite, en force. Je me traînais derrière lui sans jamais pouvoir le rattraper. Un soir, de retour à notre hôtel après un dîner assez arrosé auquel il avait bu plusieurs verres de whisky et fumé quelques cigares, j'ai constaté qu'il marchait avec difficulté. Son visage était marqué et pâle.

Le lendemain, nous sommes retournés à la plage. Je l'ai regardé plonger. Je ne le voyais plus ressortir de l'eau. Inquiète, je me suis approchée du bord et je l'ai vu nager très lentement pour revenir vers la plage. De retour sur le sable, il s'est plaint d'une douleur terrible au bras gauche. Il avait du mal à respirer. « C'est le cœur, ai-je dit. Il faut consulter en urgence. » « Mais non, c'est musculaire, a-t-il prétendu. J'ai dû me faire mal en déplaçant le parasol, l'autre soir. »

Durant les jours qui suivirent, je constatai qu'il ne se baignait plus vraiment, tout juste se trempait-il quelques instants. Je lui en demandai la raison. Revenait l'histoire du parasol qu'il avait changé de place. J'ai avancé notre retour à Paris. Il n'a pas vraiment contesté ma décision. Seulement, une fois à Paris, il a pris rendez-vous avec son kiné et a refusé que je contacte le cardiologue.

Je me souviens que lorsque j'ai reçu l'appel du kiné, je traversais la place de l'Assemblée nationale. Georges avait été hospitalisé en urgence à Tenon. Il avait fait un infarctus. J'ai hélé un taxi et je me suis rendue à l'hôpital. Il était alors entre les mains des médecins et serait opéré le lendemain. Je suis restée un moment auprès de lui, prenant sa main et la serrant dans la mienne en l'embrassant. Seul le médecin qui venait de prendre son poste pour la nuit est parvenu à me faire sortir de la chambre. J'avais le sentiment que je ne reverrais plus Georges vivant. La nuit, des cauchemars m'assaillirent. L'un d'entre eux me réveilla en sursaut : je voyais Georges s'enfuir au loin, je cherchais en vain à le rejoindre. Qu'allais-je devenir sans lui ? Ce n'était plus la femme de Georges qui était abandonnée sur le bord de la route, mais une petite fille perdue.

J'ouvris les yeux sur cette image. Jusque-là, Georges avait été pour moi une sorte de pygmalion – mais un pygmalion qui m'avait aussi appris à m'émanciper. Lui disparu, que deviendrais-je ? Comment vivre sans son regard ? Le jour de l'intervention, arrivant à l'hôpital, je pensai à nouveau à la fragilité de la santé de Georges. Mais il serait insubmersible, j'en étais convaincue. Envisager sa mort m'était impossible.

Vivre sans son regard ? Une question qui revient depuis l'attentat. Après l'intervention qui avait consisté à lui poser des stents, il était rentré plutôt bien et, dès le lendemain, il se rendait à *Charlie Hebdo*. C'était encore l'époque où Cavanna était respecté, où sa parole comptait. Une époque où Georges allait se ressourcer à *Charlie*. Comme à *Paris Match*, où Roger Thérond assurait la direction du journal. Quand Philippe Val prit la direction de *Charlie Hebdo* et prétendit remettre de l'ordre dans les finances, proposant des parts à de nouveaux actionnaires, dont Georges ne fut pas parce qu'il refusa, quand Val entreprit de faire du journal une véritable entreprise de presse, le climat changea. S'ensuivirent toutes sortes de conflits et de polémiques.

En 2008, dans l'un de ces textes dont il avait le secret, ne reculant devant rien, Siné avait chargé Jean Sarkozy qui s'apprêtait à épouser une héritière de Darty. Dans ce genre d'affaires, Siné poussait à l'extrême la liberté d'expression, toujours *borderline* quand il s'agissait de parler des juifs. Val, l'ami de Carla Bruni-Sarkozy, réagit aussitôt en licenciant le dessinateur. Dépôt de plainte de la LICRA, pétitions de l'un et de l'autre, un an plus tard Siné fut pourtant relaxé au nom de la liberté d'expression. Il avait usé de son droit à la satire. Val, qui avait pourtant vraiment contribué à relancer le journal, commençait à être sérieusement contesté. L'« autoritarisme », que d'aucuns lui reprochaient, irritait cette équipe d'artistes talentueux et farfelus. À l'occasion d'une conférence de rédaction, Riss, le patron du journal depuis l'attentat, ne supportant plus l'attitude de Val, l'empoigna, et il s'en fallut de peu qu'il le passât par la fenêtre. Mais Tignous s'était précipité et il sauva son camarade. Des scènes comme celles-ci n'étaient pas rares au sein de la rédaction. Mais quelques secondes après, les rires fusaient de nouveau autour de la table.

La même année, à la suite d'un article publié par *Le Monde*, l'équipe, rémunérée modestement, apprit que deux ans plus tôt, le journal avait enregistré un bénéfice frisant le million d'euros. En effet, la première couverture consacrée au prophète Mahomet et intitulée « C'est dur d'être aimé par des cons », illustrée par un dessin de Cabu, avait attiré 500 000 lecteurs. Dans ce genre de situation, Choron, l'ancien capitaine de l'équipe, augmentait les salaires dans une ambiance festive où le champagne coulait à flots. Les actionnaires, eux, préférèrent se partager, dans le secret le plus absolu, le magot des dividendes. Les dessinateurs et les journalistes devraient se contenter de leur médiocre salaire. Dans ce genre d'affaires, le secret finit toujours par être éventé. Et l'équipe s'est déchirée. Puis, un an plus tard, Val obtint la direction de France Inter, et il quitta le navire déjà à la dérive. Pour payer les parts qu'il cédait, il aura fallu vendre les locaux de la rue Étienne-Marcel, dont *Charlie* était propriétaire. Ce fut le premier déménagement. Le départ de Val signa l'avènement de Charb, l'« héritier ». Le journal se fit plus politique, cherchant sa ligne, face à un *Canard enchaîné* dont le succès ne se démentait pas. Mais les lecteurs n'ont pas suivi. Ni même les soutiens jusqu'ici indéfectibles du journal, comme la gauche radicale.

Quelque temps avant l'attentat, un mercredi, jour de la conférence de rédaction, Georges rentra du journal l'air contrarié et sombre. Il m'expliqua que Charb l'avait sermonné pour qu'il cesse de dessiner des bandes qui n'avaient pas trait à l'actualité. L'actualité consistait notamment à malmener le prophète Mahomet et ses adeptes jugés fanatiques, obscurantistes et dangereux. Pris entre son travail au *Journal du dimanche* et celui qu'il effectuait à *Paris Match*, Georges était à l'époque saturé de politique. *Charlie Hebdo* représentait précisément pour lui une sorte d'exutoire, où il dessinait ce qui l'amusait, traitant le plus souvent de sujets de société plutôt que de politique. Pour lui, cet hebdo satirique où il avait fait ses débuts, c'était cela : un lieu d'où l'on ferait tomber les tabous. En mai 1977, il avait ainsi écrit dans l'une de ses chroniques : « Quand je fis la rencontre de l'équipe de *Hara-Kiri*, dans les années soixante, la politique était, autant que je m'en souvienne, absente des discussions. Nous partagions seulement un formidable irrespect pour les institutions et les tabous, nombreux à l'époque. Il faut dire que, rien qu'avec le sexe, la religion, l'armée, la publicité, le travail, la famille et la patrie, nous avions de quoi ricaner. » À l'époque, la religion dont il se moquait c'était le catholicisme, celle du pape et des cathos intégristes, qui faisaient son bonheur, mais aussi celui de Cabu. Certains dessins des années soixante-dix et quatre-vingt, on l'a oublié, plaçaient le pape dans les mêmes situations irrévérencieuses qu'aujourd'hui le prophète Mahomet. Parfois il y eut procès, mais jamais de bombe.

En 2014, le *Charlie Hebdo* de Charb ne ricanait plus des mêmes choses que celui des années soixante-dix : mais toujours au nom de la liberté d'expression et de la défense de la laïcité, ils n'hésitaient pas à faire dans la surenchère. Delfeil de Ton, compagnon de la première heure de *Hara-Kiri* dès 1967, et donc de Georges, fait dire dans *L'Obs* à ce dernier : « Je crois que nous sommes des inconscients et des imbéciles qui avons pris un risque inutile. On se croit invulnérables. Pendant des dizaines d'années, on fait de la provocation et puis, un jour, la provocation se retourne contre nous. »

Est-ce pour cela, surtout depuis la mort de Cavanna, qu'il fréquentait moins le journal, en dehors de quelques mercredis par mois ? Cela aussi lui avait été reproché par Charb. Dans un contexte difficile pour Georges, la réflexion de Charb passait mal. Georges se posait des questions sur son avenir professionnel. Il souhaitait avoir plus de temps pour peindre et écrire, tout en continuant le dessin de presse. La vie dont il rêvait alors. Il avait d'ailleurs fait des démarches pour acquérir un atelier où il aurait plus de place pour étaler ses toiles et dresser ses chevalets. Et ce temps-là, il ne pourrait le dégager s'il passait des journées entières à *Charlie Hebdo* à remplir les pages d'un journal dont les caisses étaient vides, un journal dont il se rendait compte qu'il n'avait sans doute plus d'avenir. Lui, en revanche, voulait préparer la suite. Et il y était déterminé.

13

En février dernier, un mois après l'attentat, les « survivants » de *Charlie* ont visité leurs énièmes « nouveaux locaux » en bonne compagnie. Celle de spécialistes en blindage et dispositifs antibombes. Désormais, ils travailleraient dans un bunker. En écrivant ces lignes, me reviennent les mots de Patrick Pelloux, quelque temps après l'attentat, expliquant à la télévision que « pour ceux de *Charlie*, ce n'était pas possible de travailler dans un bunker. De sécurité, ils n'en parlaient pas ».

Il aura donc fallu l'assassinat de dix d'entre eux, dont Georges, pour qu'ils cessent de travailler dans l'insouciance.

De fait, depuis l'époque de la rue Étienne-Marcel, *Charlie Hebdo* n'a cessé de déménager. En avril 2011, en raison de la mauvaise situation financière, l'équipe rejoint la porte de Montreuil. À peine un an plus tard, trop éloignée du centre de Paris, elle part à la recherche de nouveaux bureaux dans le XXe arrondissement, boulevard Davout. Là, les dessinateurs n'hésitent pas à placarder leurs dessins sur les vitres. En novembre, après la parution de *Charia Hebdo*, suite aux élections tunisiennes, qui ont plébiscité le parti islamiste au pouvoir, et l'incendie criminel qui s'ensuivit, l'équipe, un temps hébergé par *Libération*, se voit contrainte de trouver de nouveaux locaux. Elle se replie rue Serpollet, dans le même arrondissement.

Cette fois, ce sera sous la surveillance de la police : au rez-de-chaussée de l'immeuble où le journal s'installe, se trouve en effet un commissariat. Plusieurs véhicules de police stationnent en permanence devant l'immeuble. Mais le journal perdant de plus en plus de lecteurs, l'équipe dirigeante décide une fois de plus de se loger à moindres frais. La Ville de Paris lui propose alors un immeuble d'entreprises à loyers très modérés, rue Nicolas-Apert, géré par la Société anonyme de gestion immobilière, détenue en partie par la municipalité. La situation financière du journal étant devenue fort problématique, l'équipe signe. Pourtant, l'immeuble dispose de plusieurs entrées, dont les portes restent souvent ouvertes, car les sociétés installées sur les trois étages font appel à des coursiers, comme en témoigneront ceux qui travaillent dans l'immeuble, et qui ont subi eux aussi l'assaut des frères Kouachi parce qu'ils n'étaient pas informés de la présence du journal satirique dans les murs.

Un immeuble non sécurisé, donc. Des travaux d'aménagement sont pourtant bientôt décidés, et commencent à être réalisés à l'été 2014. Pour les autorités, le journal satirique demeure un site sensible. Aussi, le service de sécurité de la préfecture, habilité à travailler sur ce genre de dossiers, est-il saisi. Un inspecteur est nommé, chargé d'une étude en vue de la sécurisation des locaux. Il prend bientôt contact avec le comptable du journal, puis est reçu par celui-ci et par sa femme. D'emblée, l'inspecteur les informe que le bâtiment présente de sérieux points de vulnérabilité. Il mentionne notamment les deux accès sur rue, celui du 6, allée Verte, et celui du 10, rue Nicolas-Appert, qui conduisent au même bâtiment, ainsi qu'un autre accès en sous-sol, l'ouverture du parking permettant de passer d'une voie à l'autre. Mais le choix est fait, il est trop tard pour mettre le cap ailleurs. On entreprendra les travaux, voilà tout.

Au regard des risques encourus par le journal, la décision était imprudente. Les bureaux eux-mêmes représentaient un problème. Ils étaient étroits et ne comportaient qu'une seule porte de sortie, donc aucune échappatoire possible en cas d'urgence. Après sa visite, l'inspecteur repartit avec tous les éléments nécessaires à la constitution de son étude. Il revint plus tard pour exposer les mesures de sécurité qu'il était nécessaire de prendre et qui portaient principalement sur les locaux.

Ce jour-là, il fut accueilli par la femme du comptable, à laquelle il présenta plusieurs possibilités visant à sécuriser l'espace consacré au journal et aux dessinateurs et journalistes. En premier lieu, il préconisait de configurer l'entrée en sas, avec deux portes en succession, à l'instar de ce qu'on fait dans certaines banques, en dépit de l'étroitesse de l'entrée. Mais il comprit aussitôt que, l'emménagement ayant commencé, cette mesure ne serait pas mise en œuvre. Deuxième proposition : transformer la petite pièce d'accueil, où l'on avait prévu d'aménager les bureaux du webmaster et celui de la standardiste, en zone tampon protégeant l'accès à la salle de rédaction et au reste du journal. Une zone dont les murs seraient recouverts d'une protection balistique, en fait une pièce blindée à l'extrémité de laquelle les deux portes ouvrant sur la salle de rédaction, d'une part, et le bureau de Charb, d'autre part, seraient elles aussi blindées et badgées. Autres mesures : la mise sous alarme des locaux avec un visiophone et une caméra installés sur le palier ; l'installation d'une vidéosurveillance dans la pièce d'accueil blindée. Enfin, l'inspecteur préconisa de placer des stores spéciaux sur les fenêtres donnant sur la rue.

L'étude fut transmise au préfet, et celui-ci la fit parvenir à la direction du journal, lui rappelant que l'équipe des dessinateurs était sévèrement menacée. L'inspecteur chargé de l'étude avait d'ailleurs eu l'occasion d'évoquer les menaces en détaillant les mesures préconisées. Il lui avait alors été répondu : « Nous, on ne sera jamais frappé. » Manque de clairvoyance, insouciance, sentiment que l'humour rend invulnérable ? D'après l'administration du journal elle-même, une simple vidéosurveillance sera finalement installée dans l'entrée.

« Pouvait-on les obliger à se protéger contre leur volonté ? » s'interroge l'inspecteur quand je lui demande si la préfecture n'aurait pas dû les y contraindre. Et d'ajouter qu'ils auraient pu demander une aide financière soit à la Ville, soit au ministère de la Culture, qui leur aurait été accordée, en raison de l'attentat qui les avait frappés quelques années auparavant. À la préfecture, et notamment dans ce service des sites sensibles, une attaque par commando et utilisation d'armes de guerre avait même été envisagée. D'où les mesures draconiennes qui avaient été préconisées. Même en l'absence de sas, les balles des Kouachi auraient résisté aux portes blindées et badgées. Et si l'idée leur était venue de dégoupiller des grenades, l'équipe aurait sans doute eu le temps de faire face.

Oui, il y a eu des failles dans la sécurité de *Charlie*

Hebdo, et elles sont nombreuses. Parce que, contrairement au service des sites sensibles de la préfecture, l'État, les autorités policières et les responsables du journal refusaient l'idée que nous étions déjà en guerre. Une guerre de l'ignorance contre la culture. De la liberté tant chérie par Georges contre l'obscurantisme.

Oui, les frères Kouachi avaient devant eux une belle fenêtre de tir. Les jours précédant le 7 janvier, quand, à Reims, Saïd s'ennuyait à ne rien faire sinon prier, à Asnières où Chérif et ses complices mettaient au point l'attaque, on ne s'attendait sans doute pas à tant de facilité dans l'exécution du carnage. Finalement, ils n'auront trouvé sur leur passage qu'un seul obstacle : le code. Pas difficile à surmonter, quand on est armé d'une Kalachnikov.

Enfin, les services de la DGSI, la Direction de la sécurité intérieure, ne se seraient-ils pas laissé berner par les ruses enseignées pendant les entraînements au Yémen ? Chérif Kouachi avait été repéré en 2011. Il s'entraînait avec le groupe d'AQPA (Al-Qaïda dans la péninsule Arabique) et avait appris qu'une fois revenu en France, il devait passer inaperçu, dissimuler son intégrisme, se raser la barbe. Alertées par les services américains de son retour, les autorités françaises mirent les deux frères Kouachi sous surveillance. Mais, obéissant aux ordres d'AQPA, les Kouachi semblaient rangés et, n'étant pas considérés comme menaçants, la surveillance cessa. Ils étaient devenus des « agents dormants ». C'est ainsi que, trois jours après l'attentat, le ministère de l'Intérieur réunit des journalistes pour les informer que « rien dans la surveillance des Kouachi, comme de Coulibaly, ne laissait penser qu'ils préparaient un attentat ».

Cinq mille personnes radicalisées se côtoient dans le fichier « S » (« S » pour sûreté de l'État). Les fichiers étant nettoyés tous les deux ans, si les personnes recensées n'ont pas été signalées, elles sont retirées du fichier. Combien y a-t-il d'agents dormants dans notre pays ? Depuis la publication des caricatures de Mahomet, les chefs d'AQPA sont déterminés à agir contre les pays occidentaux, et particulièrement contre la France. D'où la publication en 2013, dans le magazine *Inspire* fondé par AQPA, de la fatwa contre Stéphane Charbonnier, autrement dit Charb.

Le pire a de l'avenir, tel était le titre prémonitoire d'un livre de Georges.

14

Six mois plus tard.

Ce soir-là, comme chaque soir, je traverse le bureau de Georges, resté tel qu'il l'a laissé, un dessin inachevé sur la planche, un crayon papier et une gomme tout à côté, son gilet de cuir noir sur la chaise avec trois feutres dans la poche, sa pile de quotidiens en équilibre instable. Je m'approche de la bibliothèque pour remettre un livre en place. Soudain, je prends conscience que le jour où je déménagerai, tout sera dispersé. La planche à dessin, sa table achetée aux Puces de Saint-Ouen, et, bien sûr, sa collection de livres de dessins de presse, d'ouvrages de peinture, de biographies d'artistes. Une collection commencée il y a plus de cinquante ans.

Souvent, lorsqu'il était en panne, je le voyais se plonger dans l'un de ces livres ou dans ses propres archives pour retrouver l'inspiration que ne lui procurait pas la presse du jour. Tout en haut de la bibliothèque, il avait réuni les nombreuses publications de Cavanna. J'ai tiré l'une d'entre elles, *Cœur d'artichaut*, que j'avais lue à sa sortie. La dédicace m'a fait sourire : « Un cœur d'artichaut, Maryse, ça s'effeuille, Maryse, comme une Marguerite. Mais quand on a fini, il reste le fond et c'est le meilleur. » J'ai remis le livre à sa place. Puis je me suis assise dans le fauteuil de Georges, où il passait de longues journées, et j'ai laissé couler des larmes longtemps retenues.

Me relevant, le regard toujours rivé sur la bibliothèque, je me suis juré que rien ne serait dispersé. Ainsi m'est venue l'idée de léguer ce bureau-atelier au Centre international de la caricature, du dessin de presse et d'humour de Saint-Just-le-Martel. Un centre qui avait été ouvert grâce à un rapport que Georges avait écrit avec un conservateur de la Bibliothèque nationale, à la demande du président Chirac. Dès le lendemain, j'ai appelé Gérard Vanderbroucke, responsable du musée et président de la région. Je ne lui ai pas révélé mon idée, je lui ai simplement demandé de passer me voir à l'occasion de l'un de ses prochains voyages à Paris. Ce qu'il a fait. Quand je lui ai exposé mon idée, il a été très ému. Une semaine plus tard, il est revenu avec plusieurs de ses amis du centre, qui avaient bien connu Georges : chaque année, il participait au festival du dessin de Saint-Just-le-Martel. Ils ont pris des photos du bureau-atelier, consignant le moindre détail afin d'être en mesure de reconstituer la pièce à l'identique. Je conserve précieusement ces montages photos qui me rappellent le temps où Georges s'asseyait à sa table, dès le matin, cerné par sa revue de presse. Le crayon à la main, soulignant, entourant, découpant, archivant, jusqu'à ce qu'il trouve l'idée qui allait générer le dessin. L'après-midi, après la sieste, il s'installait à sa planche et exécutait l'ébauche du matin.

Le 8 juillet, une dizaine d'amis du musée ont donc accompagné Gérard Vanderbroucke pour déménager cette pièce lumineuse que Georges a désertée parce que des terroristes lui ont pris la vie.

« Chérie, je vais à *Charlie*. » Au réveil, je m'étais interrogée : comment allais-je supporter que la planche à dessin quitte mon appartement ? Je me persuadais que j'avais eu une excellente idée et que, de temps en temps, je pourrais aller lui rendre visite dans cette petite ville toute proche de Limoges où, tant de fois, Georges avait cherché à me convaincre de l'accompagner. Mes enfants et mes amis avaient eux aussi été séduits par l'idée de léguer le bureau à un musée. Maintenant je devais assumer, me montrer forte, la journée durant, ne laisser glisser aucune larme, prévenir toute fragilité, me conforter dans l'action pour ne pas succomber au désespoir.

Parmi les amis déménageurs, l'ambiance était joyeuse. Chacun jouait son rôle. Il y avait ceux qui s'occupaient des meubles et ceux qui rangeaient les livres et les objets dans des cartons numérotés afin qu'à l'arrivée, chaque livre, chaque objet, trouve sa place. Ils passèrent du temps à trouver le moyen de démonter la planche. Je ne savais pas où Georges avait rangé le mode d'emploi, et il était inutile de le rechercher dans ses dossiers, dont l'intitulé ne correspondait jamais au contenu. Un instant, j'ai souhaité qu'ils n'y parviennent pas. Si je la faisais basculer et la mettais à plat, elle pourrait sûrement me servir de table pour écrire…

Ils sont parvenus à la plier et à la descendre. Je me suis rendue sur le balcon : de là, je l'ai vue chargée dans le camion. Soudain, je me suis souvenue que David André, le cinéaste qui faisait un film sur le 7 janvier et qui tenait absolument à filmer le déménagement du bureau, n'était pas encore arrivé. Et la table n'était plus là !

Je lui ai téléphoné, et quand il s'est annoncé sur le boulevard, il a fallu ressortir la planche du fond du camion où elle avait été remisée. Les amis du musée ont accepté avec gentillesse de la remonter sur le trottoir, tandis que le cameraman se préparait à filmer.

Pendant les quelques minutes qu'a duré la prise, elle a été l'attraction du quartier. Du balcon, j'assistais à la scène. Des passants s'étaient massés contre les vitrines des magasins pour assister à ce singulier tournage d'une planche à dessin déposée sur un trottoir parisien. Puis on l'a de nouveau chargée dans le véhicule. Je la voyais pour la dernière fois. Je me suis rappelé le jour où Georges, de retour des États-Unis avec sa planche sous le bras, m'avait embrassée dans l'entrée alors que je lui ouvrais la porte, me transportant à travers l'appartement jusqu'à sa chambre. Il n'y aurait plus jamais de moments heureux.

15

En cet été que je passe seule à Paris, souvent il m'arrive de relire l'un des post-it que Georges m'a laissés. Je me promène le long du couloir où je les ai alignés, et je les regarde. Je pense encore et toujours à la main de Georges les griffonnant. Je me remémore la tendresse contenue dans ses mots, dans ses gestes. Cette tendresse qui lui faisait si peur à l'aube de la cinquantaine.

Un soir d'août, j'allume la radio tout en dînant et j'entends sa voix sur France Culture. Au début, je suis tellement surprise, que j'ai du mal à la reconnaître. J'écoute, très émue. Il relate une anecdote qui remonte à l'époque où François Mitterrand était en campagne pour l'élection de 1981. Nous avions été invités à prendre le car pour Lille, où le futur président de la République allait faire l'un de ses grands discours. Celui-ci terminé, Georges avait rejoint des amis qui se rapprochaient du buffet. Mitterrand, descendu de la tribune et cherchant un verre de vin, aperçut Georges, dessinateur de presse très irrévérencieux sur la Mitterrandie, malgré son faible pour la gauche. De loin, je les avais vus parler en riant. J'avais alors décidé de m'approcher d'eux. Georges me prit par la nuque et me présenta. « Je vous connais déjà, dit Mitterrand, je vous vois, chaque semaine, dans les dessins de Wolinski. » Je souris, pas très à l'aise devant cette remarque qui faisait de moi la muse de Georges. Pourtant, je ne peux pas le nier : j'ai été sa muse pendant quarante-sept ans. Une muse amoureuse et rebelle à la fois. Je ne m'en défendrai plus. Ce furent les plus belles années de ma vie.

Dans le silence de l'appartement, je me suis dit que peut-être, bientôt, je pourrai m'autoriser à réfléchir à ce qu'allait être ma vie. Cette vie que je devais reconstruire. Disposai-je des armes pour cela ? Confrontée à la douleur, parfois au déni, souvent à l'action, j'avais le sentiment que je n'avais pas pris le temps de faire mon deuil. Et j'en revenais toujours à cette question : qu'est-ce que faire son deuil ? C'était peut-être bien ce que j'avais fait depuis six mois, passant de la sidération à l'enfermement, de l'agitation extrême à l'engloutissement et au sentiment de déréliction, du déni à la colère…

J'entre aujourd'hui dans un espace de mutation, j'aborde l'avenir, théâtre de l'inconnu, qui fragilise et déstabilise. Les mois ont passé et je ne résiste plus au temps qui met de la distance entre ce mercredi où Georges est parti pour *Charlie Hebdo* et l'automne qui va me conduire à la première année sans lui. Comment est-ce possible, une année sans lui ? Sans son regard, sans ses caresses, sans son admiration, sans ses mots doux écrits ou parlés ? Après l'avoir tant retenu, avoir tant désiré le serrer dans mes bras, tant souhaité qu'il me guide dans ma vie, je l'ai laissé partir. Je l'ai laissé prendre son envol. Je n'ai plus écrit « Georges, chéri » sur mes agendas quand nous avions des rendez-vous. Le dernier n'aura pas eu lieu, nous n'habiterons jamais sur les quais. Mais avant de prendre une décision importante, je ne peux toujours pas m'empêcher de penser : que dirait Georges ? M'approuverait-il ?

Vivre ou mourir ? Laisser Georges prendre sa place dans les cadres qui m'entourent, photos sérieuses, photos rieuses, photos gags. Je me souviens lui avoir dit, quelque temps après la mort de ma mère : « Quand on est mort, on n'est plus qu'une photo dans un cadre. » Il avait souri.

Dans mon bureau, sur le manteau de la cheminée, j'ai placé une photo de lui le montrant dans une tenue de skieur sur le point d'affronter une compétition. Il doit être âgé de 16 ans. J'aime cette photo, que j'ai découverte récemment. Il est là, il me regarde. Quand je dîne seule, dans la cuisine, je m'installe face à une étagère sur laquelle reposaient jusqu'au 7 janvier toutes sortes de pots et de théières, ainsi qu'une assiette peinte par lui et me représentant, nue devant la fenêtre, les yeux fixés sur la lune. Je me souviens de cet été, dans le Lubéron, où avec son ami potier, il avait décidé de se mettre au travail dans l'atelier. Une cigale, assez mal en point, s'était posée sur l'une des tables, et s'était éteinte quelques instants plus tard. Tony, le potier, eut l'idée de la mouler. Georges et moi, nous décidâmes que Tony créerait pour nous un service dont chaque pièce serait surmontée de cette cigale. Quand je dresse le couvert et que je tiens en mains ces assiettes dont la cigale a commencé à ternir, je revois la scène et mes yeux s'embrument.

Près de l'assiette, sur l'étagère, j'ai placé un cadre avec une photo de lui où il pose, souriant : le sourire d'un homme heureux. Je dîne en le regardant me sourire. Je pense aux mots doux avec lesquels il dit le bonheur que je lui ai apporté. Je suis fière de l'avoir, parfois, tiré de sa mélancolie maladive.

« Chairrie,
Ce soir, j'ai tout oublié, le dessin, la soirée Anne G., il n'y a que toi que je n'oublie pas. Je t'aime, G.
J'ai hâte de te retrouver dans le Lubéron. Cela fait 42 ans que je t'aime, G. »

Parfois, quand les journées sont trop rudes, j'ai envie de lui crier que la vie, sans lui, est un enfer, que je ne m'en sortirai pas, que mon avenir est un désert ; qu'il cesse de sourire dans son cadre. Ou bien qu'il sorte de celui-ci comme dans ce film de Woody Allen que nous aimions tant, *La Rose pourpre du Caire*. Pareille à Cecilia, l'héroïne, je voudrais que Georges sorte de son cadre tel Tom Baxter et qu'il m'entraîne dans de nouvelles aventures amoureuses, crayon à la main, dessinant sur les pages d'un carnet qui ne quitte pas ses poches les courbes de mes hanches.

Je sais. Je ne dois plus rêver, je ne dois pas céder à la tentation du déni. Aujourd'hui, c'est mon propre regard qui doit me conduire. Cela n'a pas été simple d'en accepter l'augure et de laisser Georges prendre son envol.

Mais, pour lui, désormais, je veux être celle qui va.

Remerciements

Je remercie en premier lieu mes éditeurs, Olivier Bétourné, président du Seuil, pour m'avoir fait confiance, et Frédéric Mora, pour avoir soutenu mon besoin d'écrire ce que je vivais depuis l'attentat.

Je remercie Luc Hermann, co-directeur de l'agence Premières Lignes, dont les locaux, je le rappelle, se trouvent au même étage que ceux de *Charlie Hebdo*, et qui, le premier, a guidé mes pas et m'a permis de rencontrer des journalistes de l'agence, tous tellement bienveillants que je ne pourrai les oublier.

Je remercie mon fidèle ami Patrice Trapier, directeur adjoint du *Journal du dimanche*, qui m'a ouvert son carnet d'adresses.

Je remercie ceux que je n'ai pas eu à appeler et qui sont venus spontanément vers moi pour m'aider à élucider certaines questions, notamment des policiers, dont je tiens à respecter l'anonymat. Tous m'ont donné de la force pour continuer à écrire, continuer à vivre.

Je remercie Chantal Schmeltz, pourtant tellement traumatisée, de m'avoir raconté son vécu et l'effervescence qui a régné dans l'immeuble du 10, rue Nicolas-Appert, en ce 7 janvier.

Je remercie la Comédie Bastille, et en particulier Thomas Joussier et Nathalie Rolandez, qui venaient de passer quelque temps dans ce théâtre et ont vécu en direct les événements du 7 janvier, celui-ci ayant ouvert ses portes aux « survivants » et aux familles des victimes.

Je remercie ceux de *Charlie*, parmi les « survivants », qui m'ont raconté ce qu'ils ont vécu au moment du carnage, ainsi que Véronique Portheault et Patrick Pelloux, qui m'ont accompagnée lors de ma visite dans les locaux du journal, après que les scellés eurent été enlevés.

Enfin, je tiens à remercier mes compagnes de douleur : ma fille Elsa, Chloé Verlhac, la femme de Tignous, et Hélène Honoré, la fille d'Honoré, ainsi qu'Arnauld Champremier-Trigano, mon gendre. Tous m'ont aidée à avancer sans larmes dans les moments les plus pénibles de cette année 2015, la plus terrible de ma vie.

DU MÊME AUTEUR

Dis maman, y'a pas de dames dans l'histoire ?
La Farandole, 1982

L'Adoption, une autre naissance
Bernard Barrault, 1982

Les Sorcières du bois-joli
Hatier, 1986

La Divine Sieste de papa I et II
La Farandole, 1986

Au diable vauvert
Flammarion, 1988
et « Points », n° P2419

Le Maître d'amour
Flammarion, 1990
et « Points », n° P2188

La femme qui aimait les hommes
Albin Michel, 1992

Lettre ouverte aux hommes
qui n'ont toujours rien compris aux femmes
Albin Michel, 1993

Graines de femmes
Albin Michel, 1995
et « Le livre de poche », n° 14352

La Tragédie du bonheur
Albin Michel, 1998

La Chambre d'amour
Albin Michel, 1999

Si tu veux maigrir, mange !
Albin Michel, 2000
et « Le livre de poche », n° 15283

Nous serons toujours jeunes et beaux
Albin Michel, 2001
et « Le livre de poche », n° 30228

Manger pour vivre ?
(dirigé par Pierre Fédida et Dominique Lecourt)
PUF, 2002

Chambre à part
Albin Michel, 2002
et « Le livre de poche », n° 30228

L'Harmonie dans votre assiette
(avec Laurent Chevallier)
Albin Michel, 2003

Les Secrets d'un couple heureux
Albin Michel, 2003

L'Ivresse de vivre
Albin Michel, 2004

La mère qui voulait être femme
Seuil, 2008
et « Points », n° P2187

La Sibylline
Seuil, 2010

Georges, si tu savais…
Seuil, 2011
et « Points », n° P4247

La Passion d'Edith S.
Seuil, 2014

RÉALISATION : NORD COMPO À VILLENEUVE-D'ASCQ
IMPRESSION : MAURY IMPRIMEUR À MALESHERBES (45)
DÉPÔT LÉGAL : NOVEMBRE 2016 - N° 134749 (212545)
IMPRIMÉ EN FRANCE